Appréciation de Monsieur l'Inspecteur d'Académie de la Somme

« Le petit ouvrage de M. Noxus me semble approprié
« aux besoins de l'enseignement de la morale dans les
« Écoles primaires Élémentaires ; les résumés qu'il contient
« sont assez étendus, assez clairs et assez précis pour les
« élèves de ces écoles, à la condition expresse que le maître
« les commente oralement, les explique, les vivifie et les
« rende concrets, en quelque sorte, surtout par des
« exemples.

« Mais, avec cet ouvrage, on peut, je crois, se dispenser
« de faire des résumés soi-même et de les donner à copier
« aux élèves ; on écrit trop aujourd'hui dans toutes les
« écoles ; pourquoi après avoir abusé du livre, n'en plus
« user du tout ? Pourquoi perdre le temps à écrire ce qu'on
« trouve dans les bons livres qu'on a sous la main ? »

Signé : ALLIAUD.

NOTA. — Les *Résumés de Morale et d'Instruction Civique* de M. Noxus destinés tout d'abord aux écoles primaires du département de la Somme, et portés sur la liste départementale, ont été bientôt adoptés dans un grand nombre de départements de France et d'Algérie.

Ils viennent d'être portés sur la *liste officielle de la Ville de Paris*. C'est, croyons-nous, sinon le seul, du moins un des rares ouvrages *édités en province* qui figurent sur cette liste.

Extrait du Rapport de la Commission spéciale de la Ville de Paris : … « *C'est du travail tout fait, bien fait, pratique, qui permet une grande économie de temps pour le maître et pour les élèves.* »

Déclaration des Droits de l'Homme et du Citoyen 1791-1793

NOTE DE L'ÉDITEUR. — On trouvera la célèbre *Déclaration des Droits de l'Homme et du Citoyen* de l'Assemblée constituante (1789) dans le corps de l'ouvrage (p. 45). — Celle de 1791-93, qui n'est en somme qu'une modification de la précédente, est moins connue. Cependant il nous a paru utile de la donner ici à titre de document:

PRÉAMBULE. — LE PEUPLE FRANÇAIS, convaincu que l'oubli et le mépris des droits naturels de l'Homme sont les seules causes des malheurs du monde, a résolu d'exposer, dans une déclaration solennelle, ces droits sacrés et inaliénables, afin que tous les citoyens, pouvant comparer sans cesse les actes du Gouvernement avec le but de toute constitution sociale, ne se laisse jamais opprimer et avilir par la tyrannie ; afin que le peuple ait toujours devant les yeux les bases de sa liberté et de son bonheur, le Magistrat, la règle de ses devoirs, le Législateur, l'objet de sa mission.

En conséquence, il proclame, en présence de l'Être suprême, la DÉCLARATION suivante :

ARTICLE PREMIER. — Le but de la société est le bonheur commun. Le Gouvernement est institué pour garantir à l'Homme la jouissance de ses droits naturels et imprescriptibles.

ART. 2. — Ces droits sont l'égalité, la liberté, la sûreté, la propriété.

ART. 3. — Tous les hommes sont égaux par la nature et devant la loi.

ART. 4. — La loi est l'expression libre et solennelle de la volonté générale ; elle est la même pour tous, soit qu'elle protège, soit qu'elle punisse, elle ne peut ordonner que ce qui est juste et utile à la société ; elle ne peut défendre que ce qui lui est nuisible.

ART. 5. — Tous les citoyens sont également admissibles aux emplois publics.
Les peuples libres ne connaissent d'autres motifs de préférence dans leurs élections que les vertus et les talents

ART. 6. — La liberté est le pouvoir qui appartient à l'homme de faire tout ce qui ne nuit pas aux droits d'autrui ; elle a pour principe la nature, pour règle la justice, pour sauvegarde la loi ; sa limite morale est dans cette maxime : « Ne fais pas à autrui ce que tu ne veux pas qu'il te soit fait ».

ART. 7. — Le droit de manifester sa pensée et ses opinions, soit par la voie de la presse, soit de toute autre manière, le droit de s'assembler paisiblement, le libre exercice des cultes, ne peuvent être interdits. La nécessité d'énoncer ces droits suppose ou la présence ou le souvenir du despotisme.

ART. 8. — La sûreté consiste dans la protection accordée par la société à chacun de ses membres pour la conservation de sa personne, de ses droits et de ses propriétés.

ART. 9. — La loi doit protéger la liberté publique et individuelle contre l'oppression de ceux qui gouvernent.

ART. 10. — Nul ne doit être accusé, arrêté ou détenu que dans les cas déterminés par la loi et selon les formes qu'elle a prescrites. Tout citoyen appelé ou saisi par l'autorité de la loi doit obéir à l'instant ; il se rend coupable par la résistance.

ART. 11. — Tout acte exercé contre un homme hors des cas et sous les formes que la loi détermine, est arbitraire et tyrannique ; celui contre lequel on voudrait l'exécuter par la violence a le droit de le repousser par la force.

ART. 12. — Ceux qui solliciteraient, expédieraient, signeraient, exécuteraient ou feraient exécuter des actes arbitraires, sont coupables et doivent être punis.

ART. 13. — Tout homme étant présumé innocent jusqu'à ce qu'il ait été déclaré coupable, s'il est jugé indispensable de l'arrêter, toute rigueur qui ne serait pas nécessaire pour s'assurer de sa personne, doit être sévèrement réprimée par la loi.

Art. 14. — Nul ne doit être jugé et puni qu'après avoir été entendu ou légalement appelé, et qu'en vertu d'une loi promulguée antérieurement au délit. La loi qui punirait des délits commis avant qu'elle existât serait une tyrannie ; l'effet rétroactif donné à la loi serait un crime.

Art. 15. — La loi ne doit décerner que des peines strictement et évidemment nécessaires ; les peines doivent être proportionnées au délit et utiles à la société.

Art. 16. — Le droit de propriété est celui qui appartient à tout citoyen de jouir ou de disposer à son gré de ses biens, de ses revenus, du fruit de son travail et de son industrie.

Art. 17. — Nul genre de travail, de culture, de commerce, ne peut être interdit à l'industrie des citoyens.

Art. 18. — Tout homme peut engager ses services, son temps ; mais il ne peut se vendre ni être vendu ; sa personne n'est pas une propriété aliénable. La loi ne reconnaît pas de domesticité ; il ne peut exister qu'un engagement de soins et de reconnaissance entre l'homme qui travaille et celui qui l'emploie.

Art. 19. — Nul ne peut être privé de la moindre portion de sa propriété, sans son consentement, si ce n'est lorsque la nécessité publique légalement constatée l'exige, et sous la condition d'une juste et préalable indemnité.

Art. 20. — Nulle contribution ne peut être établie que pour l'utilité générale. Tous les citoyens ont le droit de concourir à l'établissement des contributions, d'en surveiller l'emploi, de s'en faire rendre compte.

Art. 21. — Les secours publics sont une dette sacrée. La société doit la subsistance aux citoyens malheureux, soit en leur procurant du travail, soit en assurant les moyens d'exister à ceux qui sont hors d'état de travailler.

Art. 22. — L'instruction est le besoin de tous. La société doit favoriser de tout son pouvoir les progrès de la raison publique et mettre l'instruction à la portée de tous les citoyens.

Art. 23. — La garantie sociale consiste dans l'action de tous pour assurer à chacun la jouissance et la conservation de ses droits ; cette garantie repose sur la souveraineté nationale.

Art. 24. — Elle ne peut exister si les limites des fonctions publiques ne sont pas clairement déterminées par la loi et si la responsabilité de tous les fonctionnaires n'est pas assurée.

Art. 25. — La souveraineté réside dans le peuple ; elle est une et indivisible, imprescriptible et inaliénable.

Art. 26. — Aucune portion du peuple ne peut exercer la puissance du peuple entier ; mais chaque section du peuple souverain assemblée doit jouir du droit d'exprimer sa volonté avec une entière liberté.

Art. 27. — Que tout individu qui usurperait la souveraineté soit à l'instant mis à mort par les hommes libres.

Art. 28. — Un peuple a toujours le droit de revoir, de réformer et de changer sa Constitution, une génération ne peut assujettir à ses lois les générations futures.

Art. 29. — Chaque citoyen a un droit égal de concourir à la formation de la loi et à la nomination de ses mandataires ou de ses agents.

Art. 30. — Les fonctions publiques sont essentiellement temporaires ; elles ne peuvent être considérées comme des distinctions ni comme des récompenses, mais comme des devoirs.

Art. 31. — Les délits des mandataires du peuple et de ses agents ne doivent jamais être impunis. Nul n'a le droit de se prétendre plus inviolable que les autres citoyens.

Art. 32. — Le droit de présenter des pétitions aux dépositaires de l'autorité publique, ne peut, en aucun cas, être interdit, suspendu, ni limité.

Art. 33. — La résistance à l'oppression est la conséquence des autres droits de l'homme.

Art. 34. — Il y a oppression contre le corps social lorsqu'un seul de ses membres est opprimé ; il y a oppression contre chaque membre lorsque le corps social est opprimé.

Art. 35. — Quand le Gouvernement viole le droit du peuple, l'insurrection est pour le peuple et pour chaque portion du peuple, le plus sacré des droits et le plus indispensable des devoirs. **1791-1793.**

RÉSUMÉS DES LEÇONS DE MORALE

Octobre

PROGRAMME : I. Objet de la morale. — Le libre arbitre. — La Conscience. — Le devoir. — II. La Famille autrefois. — III. La Famille moderne. — IV. Devoirs des enfants envers leurs parents : amour, respect. — V. Obéissance. — VI. Reconnaissance et Assistance. — VII. Les Grands-Parents. — VIII. Révision.

I. — Objet de la morale. — Le libre arbitre. — La conscience. — Le devoir.

1. — La *morale* a pour objet de nous faire connaître nos *devoirs* et de nous amener à les *remplir*.

2. — L'homme est un être doué de raison, **libre de faire le bien ou le mal** et par conséquent responsable de ses actes. Cette liberté de choisir entre le bien et le mal, s'appelle le **libre arbitre**.

3. — La *conscience* est la faculté qui nous permet de distinguer le bien du mal, les bonnes actions des mauvaises. Si nous faisons le bien, nous éprouvons une satisfaction intérieure qui nous rend heureux ; si nous faisons le mal, nous sommes punis par le *remords* et nous sommes malheureux.

4. — Cultivée par l'éducation, la conscience s'éclaire et s'élève. Nous comprenons de mieux en mieux que le bonheur de chacun dépend du bonheur des autres et que par conséquent nous devons pratiquer **l'altruisme** c'est-à-dire « vivre pour autrui ».

5. — La loi morale ou le *devoir* est l'obligation, imposée à tout homme par sa conscience, de faire ce qui est bien, d'éviter ce qui est mal.

RÉSOLUTIONS : *Je n'hésiterai jamais à obéir à la voix de ma Conscience, quand bien même il devrait en résulter pour moi le plus grand préjudice. — Le mobile de mes actions sera, avant tout, le bonheur de mes semblables. — Fais ce que dois, advienne que pourra.*

NOTA : Les paragraphes imprimés en petits caractères (n°⁵ 2 et 4) sont réservés au cours supérieur.

II. — La famille autrefois.

1. — La *famille* se compose du père et de la mère, des enfants et des grands-parents.

2. — Les membres d'une famille sont unis entre eux par les liens d'une affection si vive qu'ils n'ont tous ensemble qu'un seul cœur et que chacun partage les joies et les peines des autres.

3. — Le père est le chef de la famille. Autrefois il en était le maître absolu ; il pouvait abandonner ses enfants, les vendre, les faire emprisonner et même les tuer. La philosophie ancienne, le christianisme et les progrès de la civilisation adoucirent ces mœurs barbares : mais les abus de l'autorité paternelle ne furent supprimés entièrement que par la Révolution française.

4. — Avant 1789, l'aîné des fils héritait seul des titres et de presque tous les biens de ses parents ; c'était ce qu'on appelait le *droit d'aînesse*. La Révolution a supprimé cet abus.

RÉFLEXION : *L'Enfant ne saurait vivre seul, sans famille.*

III. — La famille moderne.

1. — Aujourd'hui, la famille est fondée sur l'affection, la justice et l'égalité.

2. — Les enfants sont égaux et ils héritent de leurs parents sans distinction d'âge ni de sexe ; tous reçoivent les mêmes soins, la même éducation.

3. — *Le pouvoir paternel* est le pouvoir commun du père et de la mère sur leurs enfants.

4. — Le père travaille pour nourrir, entretenir et élever ses enfants ; la mère veille sur eux avec tendresse et leur donne des soins constants. En échange de ces bienfaits, les parents ont le *droit* d'exiger des enfants l'*obéissance* et la *soumission*.

PENSÉE : *Le cœur d'un père et d'une mère est toujours prêt au sacrifice.*

IV. — Devoirs des enfants envers leurs parents. — Amour. — Respect.

1. — Les principaux devoirs des enfants envers leurs parents sont : de les **aimer**, de les **respecter**, de leur **obéir** et de leur **venir en aide** au besoin.

2. — **L'amour envers les parents** est le premier devoir des enfants. Cet amour est **instinctif**, c'est-à-dire inspiré par la nature ; il s'accroît et se développe par la réflexion. L'enfant qui n'aimerait pas ses parents serait un **ingrat**.

3. — Nous devons aimer nos parents parce que nous leur devons la vie, que nous en sommes aimés profondément et qu'ils ne cessent de nous entourer des soins les plus tendres et les plus éclairés.

4. — Nous devons *respecter* nos parents parce que, par leur caractère, leur âge, ils sont nos supérieurs. Pour leur témoigner notre respect, nous devons nous soumettre avec empressement à leur autorité, suivre leurs conseils avec déférence et nous montrer toujours très polis à leur égard.

5. — Dans la famille moderne, l'intimité des enfants avec leurs parents est beaucoup plus grande qu'autrefois ; mais les enfants ne doivent pas profiter de cette intimité pour être moins respectueux envers leurs père et mère.

CODE CIVIL : *L'enfant, à tout âge, doit honneur et respect à ses père et mère.*

V. — Suite des devoirs envers les parents. — Obéissance.

1. — **Obéir** à ses parents, c'est se conformer avec empressement à leur volonté, soit qu'ils **ordonnent**, soit qu'ils **défendent**. Un enfant bien élevé obéit **tout de suite et sans discuter**.

2. — Nous devons obéir à nos parents pour trois raisons principales ; 1° Pour leur témoigner notre amour et notre respect ; 2° parce que leurs ordres sont l'expression de la loi morale et de la loi civile ; 3° parce qu'ils nous aiment, ne veulent que notre bien, qu'ils ont plus d'expérience que nous et savent mieux que nous ce qui nous est utile ou nuisible.

3. — Notre **obéissance** doit être **immédiate, entière et absolue** ; elle doit être surtout **volontaire**, c'est-à-dire que nous devons obéir non par crainte, mais par amour pour nos parents, par raison, par devoir.

RÉSOLUTION : *J'obéirai toujours avec empressement à mes parents parce que je veux leur faire plaisir.*

VI. — Suite des devoirs envers les parents. — Reconnaissance et assistance.

1. — **La reconnaissance** consiste à garder fidèlement le souvenir de ce que nos parents font pour nous ; elle se complète par **l'assistance**.

2. — Nos parents sont les protecteurs dévoués de notre enfance et nos bienfaiteurs de chaque jour ; nous leur devons donc une reconnaissance infinie.

3. — Nous devons aider nos parents dans leurs travaux, leur prodiguer nos soins dans leurs maladies, les assister dans leurs vieux jours. Faisons pour eux, dans leur vieillesse, ce qu'ils ont fait pour nous dans notre enfance ; ne les laissons manquer de rien. *La loi civile* et la *loi morale* nous en font un devoir.

4. — Dès notre jeune âge, nous pouvons montrer notre reconnaissance en cherchant à faire plaisir à nos parents par notre bonne conduite, par notre application à l'école, par des manifestations délicates à certaines époques de l'année, comme le jour de l'an et le jour de leur fête, etc.

PENSÉE : *Un fils ingrat est un monstre.*

VII. — Les Grands-Parents.

1. — Nos *grands-parents* nous aiment, ce sont eux souvent qui veillent sur nos premiers pas, ils nous donnent de sages conseils. Nous leur devons, comme à notre père et à notre mère, *amour, respect, obéissance, reconnaissance*.

2. — Il faut aimer nos Grands-Parents parce qu'ils sont bons pour nous ; les respecter, parce qu'ils sont âgés ; écouter leurs conseils, parce qu'ils ont une grande expérience.

3. — Les personnes âgées sont très sensibles aux petites attentions. Ne perdons aucune occasion d'être agréables à nos grands-parents : donnons leur toujours la place d'honneur au foyer et à la table. Faisons tout ce qui est en notre pouvoir pour adoucir leurs dernières années et, s'ils ont des infirmités, plaignons-les, mais gardons-nous d'en rire jamais.

PROVERBE : *Respecte les parents et les grands-parents si tu veux, qu'un jour, les enfants te respectent.*

VIII. — Résumé du mois.

(Revision des sept résumés d'Octobre)

Novembre

PROGRAMME : I Frères et Sœurs. — Egalité des frères et sœurs. — II. L'amour fraternel. — III. La politesse entre frères et sœurs. — IV. Rôle de la sœur aînée ; action de l'exemple. — V. Les Orphelins. — VI. L'esprit de famille. — VII. Devoirs des maîtres et des serviteurs. — VIII. Revision mensuelle.

I. — Frères et sœurs. — Egalité des frères et des sœurs.

1. — *Les frères et les sœurs* sont les enfants des mêmes parents ; ils portent le même nom, ils habitent sous le même toit, vivent de la même vie : ils doivent donc être unis par l'affection comme ils le sont par la parenté.

2. — Il y a, du reste, *égalité* entre tous les enfants d'une même famille, depuis que la grande Révolution a supprimé le droit d'aînesse. Par suite de cette égalité, ils se doivent mutuellement affection, justice, douceur, indulgence, obligeance et politesse.

PENSÉE : *Un frère, une sœur, sont des amis donnés par la nature.*

II. — L'amour fraternel.

1. — L'affection réciproque des frères et des sœurs a reçu le doux nom d'*amour fraternel*. Celle qui veut être une bonne fille doit être aussi une bonne sœur.

2. — Une bonne sœur s'efforce de faire plaisir à ses frères et sœurs ; elle partage leurs peines et les console dans leurs chagrins ; elle ne se montre pas jalouse des bontés qu'on a pour eux ; elle s'en réjouit, au contraire.

3. — *Indulgente, douce et patiente*, elle supporte les défauts de ses frères et sœurs ; tout en cherchant à les en corriger : elle évite les querelles et les taquineries, elle leur rend service en toute occasion et, au besoin, les protège.

PENSÉE : *Les frères et les sœurs qui s'aiment font le bonheur de leurs parents.*

III. — La politesse entre frères et sœurs.

1. — Les frères et les sœurs doivent toujours être *polis* entre eux, se parler avec douceur et sans brusquerie.

2. — Les sœurs doivent se montrer affectueuses envers leurs frères, leur donner en toute occasion les soins qui pourraient leur être nécessaires et leur faire, autant qu'il leur est possible, le sacrifice de leurs goûts et de leurs désirs personnels.

Pensées :

« Oh ! ces doux noms et de frère et de sœur,
« On ne les apprend pas, ils nous viennent du cœur. »

(Violeau)

Donner de la joie aux autres, c'est forger son propre bonheur.

IV. — Rôle de la sœur aînée dans la famille. Action de l'exemple.

1. — Lorsque les parents sont absents ou occupés au travail, les grandes sœurs doivent *conseiller*, *diriger* et *protéger* leurs frères et sœurs plus jeunes, et s'acquitter de cette mission avec douceur et bonté, mais sans faiblesse.

2. — A côté de ce droit de conseil et même de réprimande, la sœur aînée a surtout le devoir du **bon exemple**, car les enfants imitent ce qu'ils voient faire, et l'aînée qui entraînerait les cadets au mal par ses mauvais exemples serait responsable, non seulement de ses fautes personnelles, mais aussi de celles de ses frères et sœurs.

3. — La sœur aînée doit soulager sa mère dans les soins à donner à ses frères et sœurs plus jeunes.

4. — Lorsque les aînés remplissent leurs devoirs, les cadets leur doivent *obéissance*, *respect* et *reconnaissance*.

Résolution : *Je donnerai toujours de bons conseils et de bons exemples à mes frères et à mes sœurs.*

V. — Les orphelins.

1. — On entend par *orphelins* les enfants auxquels la mort enlève prématurément leur père ou leur mère, quelquefois tous les deux.

2. — Quand ce grand malheur frappe une famille, le *frère aîné*, la *sœur aînée* doivent prendre la place de ceux qui ne sont plus, et se dévouer pour élever leurs petits frères et leurs petites sœurs.

3. — Ceux-ci, à leur tour, doivent *respect, amour, obéissance* et *reconnaissance* à leurs aînés, parce qu'ils se dévouent pour eux, et qu'ils deviennent, pour ainsi dire, leur petit père ou leur petite mère.

PAROLES D'UN PÈRE MOURANT A SON AINÉ :

Veiller, lutter, souffrir pour eux :
Voilà, mon fils, ton droit d'aînesse.

(V. DE LAPRADE).

VI. — L'esprit de famille.

1. — Tous les membres d'une même famille sont *solidaires*, c'est-à-dire que le bien ou le mal fait par l'un deux rejaillit sur tous les autres.

2. — Cette solidarité donne naissance à l'*esprit de famille*, qui nous porte à prendre, en toute occasion, la défense des intérêts et de l'honneur des membres de la famille.

3. — L'esprit de famille nous rend fiers et heureuses des succès et des bonnes actions de nos pères et mères, frères et sœurs, et, en général, de tous nos parents. Au contraire, nous sommes humiliées de leurs revers ou de leur mauvaise conduite.

PENSÉE : *Jeune fille, songe que tu dois toujours faire honneur à la famille et au nom que tu portes !*

VII. — Devoirs des maîtres et des serviteurs.

1. — « La famille comprend encore toutes les personnes qui vivent auprès de nous et travaillent pour nous moyennant salaire, tels que les employés, les serviteurs. »

2. — Les *serviteurs* sont des hommes libres, et le maître doit respecter en eux la *dignité humaine*. Il doit les traiter avec politesse leur témoigner de l'estime, de l'affection, respecter leurs opinions, leur croyance ou leur libre pensée, payer régulièrement leur *salaire* et les soigner ou les faire soigner en cas de maladie. Les enfants surtout, qui leur sont inférieurs par l'âge, doivent être convenables et polis à leur égard.

3. — De leur côté, les serviteurs doivent aimer et respecter leur maître, le servir avec obéissance, dévouement et probité, et prendre soin de ses intérêts comme des leurs. Ils veilleront en outre à ne donner que de bons conseils et de bons exemples aux enfants de la maison.

PENSÉE : *Les bons maîtres font les bons serviteurs.*

VIII. — Revision mensuelle.

SUJETS DE RÉDACTION

1. — Quels sont les devoirs des enfants devenus grands envers leurs parents devenus vieux.

2. — Comment devez-vous vous conduire à l'égard des vieillards en général et de vos grands-parents en particulier.

3. — Vous êtes l'aînée des enfants et vous avez eu le malheur de perdre votre mère depuis peu. Dites ce que vous vous proposez de faire à l'égard de vos frères et de vos sœurs.

Décembre

PROGRAMME : I. L'école autrefois et l'école aujourd'hui. — II. Assiduité et exactitude. — Docilité. — III. Travail et application. — Politesse. — IV. Éducation et instruction. — V. Devoirs envers l'instituteur. — VI. Devoirs envers les camarades. — VII et VIII. Revision mensuelle.

I. — L'École autrefois et aujourd'hui.

1. — *Autrefois*, il y avait peu d'écoles ; la classe ne se faisait que pendant quelques mois d'hiver dans des pièces basses et sombres, quelquefois dans des granges. Les maîtres étaient peu instruits, et, le plus souvent, ils n'enseignaient qu'à lire, écrire et compter.

2. — *Aujourd'hui*, les écoles sont plus nombreuses ; les locaux sont plus vastes et plus sains ; le mobilier est confortable ; aux murs sont suspendus des cartes et des tableaux qui instruisent les élèves et donnent à la salle de classe un aspect riant.

3. — L'instituteur et l'institutrice enseignent à leurs élèves une foule de choses intéressantes et utiles. L'école est mieux tenue, la discipline plus douce et plus paternelle.

PENSÉE : *Aimer l'École, c'est aimer la Patrie.*

II. — Assiduité et exactitude. — Docilité.

1. — *L'assiduité* à l'École consiste à ne manquer la classe que fort rarement et pour des motifs graves. — L'assiduité n'est pas complète sans *l'exactitude* qui consiste à arriver en classe aux heures réglementaires. Sans *l'assiduité* et *l'exactitude* il n'y a pas de progrès possibles. C'est pour cela que le défaut d'assiduité à l'école est prévu et puni par la loi.

2. — Il ne suffit pas d'être exact à l'École ; il faut encore s'y montrer *docile*.

3. — L'institutrice remplace nos parents ; elle n'a en vue que notre amélioration morale et intellectuelle ; lui obéir, c'est obéir à nos parents. Nous devons donc suivre ses avis et ses directions, et nous soumettre de bonne grâce à la discipline de l'École.

PENSÉE : *La discipline et l'exactitude sont des conditions indispensables aux progrès des élèves.*

III. — Travail et application. — Politesse (1).

1. — La jeune écolière doit *travailler, s'appliquer* c'est-à-dire écouter attentivement les leçons de sa maîtresse et faire avec le plus grand soin les devoirs qu'elle donne. Plus le travail lui paraît pénible, plus elle doit s'y appliquer avec courage et persévérance.

2. — Par le travail, l'enfant perfectionne ses facultés, elle se conforme aux vues de ses parents et de la société ; elle répond aux efforts de l'institutrice, et elle prend des habitudes régulières qu'elle conservera toute sa vie.

3. — Une bonne élève évite d'être bruyante, de déranger ses voisines, de distraire ses compagnes. Elle se lève quand sa maîtresse l'interroge, ou qu'une autorité scolaire ou civile entre dans la classe ; elle répond toujours poliment ; en un mot, elle se conduit de manière à faire honneur à sa maîtresse et à son école.

4. — Ce qu'on apprend à l'école s'oublie vite et les femmes ont besoin d'instruction autant que les hommes : il faut donc que la jeune fille, devenue grande, profite des cours d'adultes, des conférences, etc., pour conserver et étendre son instruction.

Pensée : *L'application à l'école est l'apprentissage du travail dans la vie.*

IV. — Éducation et Instruction.

1. — Lorsque notre maîtresse nous donne des leçons de lecture, d'écriture, de calcul, etc., elle développe notre intelligence, elle travaille à notre *instruction*.

2. — Lorsqu'elle nous parle de nos devoirs, qu'elle nous fait connaître et aimer le bien, qu'elle cherche à nous corriger de nos défauts, etc., elle s'adresse à nos sentiments, à notre âme et travaille à notre *éducation*.

3. — **L'instruction** est un ensemble de connaissances ; **l'éducation**, un ensemble de bons sentiments, de bonnes habitudes. L'instruction fait la jeune fille **capable**, l'éducation la fait **honnête**. L'institutrice peut suffire à donner l'instruction ; les conseils, les exemples de la famille sont nécessaires pour l'éducation.

Pensée : *La jeune fille bien élevée est celle qui a reçu à la fois une solide* instruction *et une bonne* éducation.

---

(1) Voir en outre les Principes de politesse, p. 11.

V. — Devoirs envers l'institutrice.

1. — L'école est une grande famille : les écolières en sont les enfants, l'institutrice représente les parents.

2. — D'un autre côté, comme l'ignorance est aussi nuisible aux nations qu'aux individus, la patrie a chargé les institutrices d'instruire les jeunes filles d'en faire de bonnes mères de famille et des épouses dévouées et éclairées.

3. — L'institutrice représente donc à la fois les parents et l'Etat. A ce double titre, les élèves leur doivent en classe, obéissance, et, en tout lieu et en tout temps, respect, reconnaissance et affection.

Résolution : *J'aimerai ma maîtresse, j'aurai confiance en elle, je lui obéirai avec plaisir et je lui garderai une éternelle reconnaissance.*

VI. — Devoirs envers les compagnes.

1. — L'école étant comme une grande famille, les élèves prenant part aux mêmes études et aux mêmes jeux, les compagnes de classe sont entre elles presque comme des sœurs.

2. — La **camaraderie** est le commencement de l'amitié et les amitiés formées ainsi sur les bancs de l'école sont les plus durables et ne finissent d'ordinaire qu'avec la vie.

3. — La bonne élève est obligeante et tolérante. Si elle aime plus particulièrement quelques-unes de ses compagnes, elle est bienveillante pour toutes. Elle évite les querelles, elle n'est ni égoïste, ni jalouse du succès des autres.

4. — La bonne écolière n'est ni hypocrite, ni rapporteuse : elle est ouverte, franche et sincère. Elle aime ses camarades et elle en est aimée, mais elle ne se lie d'amitié qu'avec les meilleures.

Proverbe : *Dis-moi qui tu hantes, je te dirai qui tu es.*

VII & VIII. — Revision trimestrielle.

Janvier

PROGRAMME : La Patrie. — II. Bienfaits de la Patrie. — III. Le Drapeau. — IV. Les grandeurs et les malheurs de la Patrie. — V. Amour de la Patrie. — VI. Nos devoirs envers la Patrie. — VII. Les droits du citoyen. — VIII. Revision.

I. — La Patrie.

1. — La *patrie*, c'est la *terre* où sont nés nos parents ; c'est le village que nous habitons ; c'est la France entière avec ses grandes villes et leurs monuments, chefs-d'œuvre du génie national.

2. — La patrie est encore autre chose : c'est une *grande famille* formée de citoyens libres et ayant la volonté de vivre ensemble librement. C'est l'ensemble de tous ceux qui portent le nom de *Français* et qu'unit la communauté de langue, de mœurs, de lois et de sentiments ; c'est l'histoire du pays avec ses gloires et ses revers, ses institutions successives et le souvenir de ses grands hommes.

PENSÉE : *Il n'est pas de plus doux souvenir que celui du pays natal.*

II. — Bienfaits de la Patrie.

1. — La Patrie nous fait jouir d'innombrables *bienfaits*. Par les lois, elle protège notre vie, elle garantit la sécurité de notre travail et le respect de nos propriétés.

2. — Grâce à l'organisation des pouvoirs publics, elle pourvoit à l'éducation du peuple et assure aux citoyens plus de bien-être, en même temps qu'elle vient en aide aux pauvres infirmes et aux ouvriers sans travail ou chargés de famille par les **institutions de bienfaisance** et de **prévoyance.**

3. — Pour assurer la sécurité et l'intégrité du territoire national, elle entretient une armée et une marine fortes, bien exercées, toujours prêtes à faire leur devoir. Cela coûte cher, mais c'est une dépense indispensable à notre sécurité.

4. — Nous ne devons pas désirer les guerres de conquêtes car les habitants des autres pays sont nos frères et ils aiment leur patrie comme nous aimons la nôtre ; mais nous devons toujours être prêts à repousser l'invasion étrangère et à combattre quiconque tenterait d'asservir notre pays.

PENSÉE : *J'aime l'humanité toute entière ; mais j'aime par dessus tout la France, ma Patrie !*

III. — Le drapeau.

1. — Quelques jours avant la prise de la Bastille, et sous l'inspiration de Camille Desmoulins, les arbres des promenades avaient fourni la cocarde du combat. La Fayette en créa une nouvelle après la victoire du Peuple. Le drapeau de la royauté était **blanc**, l'écusson de Paris était **bleu** et **rouge** ; des trois couleurs réunies on fit d'abord la cocarde de la Révolution et, bientôt, le Drapeau tricolore.

2. — Le *drapeau* est l'emblème de la Patrie. Le drapeau français est le drapeau tricolore et chacune de ses couleurs symbolise un devoir : *travail, vertu, dévouement.*

3. — La belle devise inscrite sur le drapeau français est : « *Honneur et Patrie* ».

4. — Nous devons *respecter* le drapeau français, car c'est le symbole de la France, notre patrie.

Pensée : *Le drapeau tricolore a fait le tour du monde avec le nom, la gloire et la liberté de la Patrie !*

(LAMARTINE).

IV. — Les grandeurs et les malheurs de la Patrie.

1. — La France est une patrie *glorieuse*, et nous pouvons dire avec orgueil : « Nous sommes Français ! »

2. — Elle est glorieuse surtout par ses hommes d'État, ses savants, ses artistes, par son industrie et sa langue, et par ses lois résumées dans la belle devise : « *liberté, égalité, fraternité.* »

3. — La France est **grande**, même dans ses malheurs, grâce au patriotisme de ses enfants qui grandit avec le danger. Chaque fois qu'elle a subi l'invasion étrangère, le patriotisme a suscité de vaillants soldats, de grands capitaines, quelquefois même des femmes héroïques, pour la défendre.

4. — La guerre de Cent ans, les guerres de Religion, les misères du temps de Louis XIV et de Louis XV ne l'ont pas anéantie ; si elle s'est vue envahie, mutilée sous les deux Napoléon, elle s'est toujours relevée de ses désastres, et elle est aujourd'hui plus **puissante** que jamais.

Réflexion : *Aimez votre patrie non seulement quand elle est triomphante, mais encore et surtout quand elle est vaincue et humiliée.*

V. — Amour de la Patrie.

1. — L'amour de la patrie s'appelle *patriotisme*. C'est un sentiment naturel : on aime son pays comme on aime sa famille.

2. — Le patriotisme est de tous les âges et de toutes les conditions ; l'écolier, l'écolière qui s'appliquent à l'école, le cultivateur qui prépare les riches moissons, l'ouvrier qui peine, à l'atelier ou dans la mine, la femme qui soigne son intérieur et veille sur ses enfants, l'écrivain, l'artiste, le savant dont les œuvres et les découvertes portent au loin la renommée du Pays font preuve de patriotisme comme le soldat qui brave le danger sur les champs de bataille.

3. — Le vrai patriotisme doit être calme et éclairé : il ne doit pas tomber dans le **chauvinisme**, patriotisme aveugle qui nous inspire une idée exagérée de notre pays et peut entraîner à de graves dangers ; ni dans le **cosmopolitisme**, qui veut que l'on oublie sa patrie pour l'humanité. On peut et l'on doit aimer sa patrie sans, pour cela, haïr les autres peuples.

4. — Françaises, nous devons aimer la France, notre belle patrie et apprendre à connaître son territoire, ses institutions, son commerce et ses diverses industries ; mais nous devons aussi connaître la puissance des autres nations et faire notre profit des progrès et des inventions de tous les peuples.

PENSÉE : *Si je savais quelque chose d'utile à ma patrie, mais qui fût préjudiciable au genre humain, je le regarderais comme un crime.* (MONTESQUIEU).

VI. — Devoirs de la femme envers la Patrie.

1. — Les femmes ne sont pas appelées à défendre la Patrie, mais elles doivent *l'aimer jusqu'au dévouement*.

2. — Sans parler des actes d'héroïsme que les femmes n'auront à accomplir qu'exceptionnellement, ne devront-elles pas, si les circonstances l'exigent, c'est-à-dire si la Patrie est en danger, envoyer sans défaillance au combat leurs fils, leurs maris, leurs frères ? Ne devront-elles pas alors soutenir les courages, préparer les secours aux blessés et peut-être prendre place à leur chevet ?

3. — Ce sont les femmes surtout qui ont pour mission d'éveiller chez leurs enfants et d'inspirer autour d'elles le *respect des lois* et les *sentiments d'honneur*, de *justice* et de *dévouement*, sans lesquels il n'est pas de vrai patriotisme.

4. — La jeune fille qui aime sa patrie sait qu'elle est tenue d'en respecter les lois, parce que ce respect est la garantie de l'ordre et de la prospérité du pays et que là où les lois ne sont pas respectées il n'y a ni gouvernement, ni société possibles.

5. — La femme non mariée ou veuve est tenue de payer l'impôt de ses propriétés. Il est juste que chacun supporte une partie des charges de l'État, puisqu'elles profitent à tous.

6. — Enfin, l'un des devoirs de la femme envers la patrie est de s'instruire et de travailler dans la mesure de ses forces, car le travail de chacun contribue au bien-être de la collectivité et devient ainsi un acte de justice, de fraternité et de patriotisme.

PENSÉE : *L'histoire est la meilleure école du patriotisme ; elle nous apprend à aimer la France, pays de liberté, de justice et d'humanité.*

VII. — Droits du citoyen (1).

LIBERTÉ. — ÉGALITÉ. — FRATERNITÉ.

1. — Si nous avons des devoirs envers la patrie, en retour, la patrie nous garantit l'exercice de nos **droits**, car dans une société fondée sur la justice, tout **devoir** confère un **droit** comme tout **droit** impose un **devoir**.

2. — La devise républicaine résume nos droits : *liberté, égalité* ; elle résume aussi nos devoirs : *fraternité*.

3. — La liberté n'est pas le *droit* de tout faire : notre liberté est *limitée* par celle des autres, mais nul ne peut nous empêcher de faire ou d'écrire ce qu'il nous plaît si ce n'est pas défendu par une loi.

4. — Égaux devant la loi, les citoyens français sont également admissibles à tous les emplois publics à la condition d'en être dignes et d'avoir une instruction suffisante pour les remplir : nous jouissons donc de l'égalité légale ou politique.

5. — L'égalité absolue ou égalité sociale ne saurait exister, car il y aura toujours les inégalités de constitution physique, d'intelligence, d'aptitude, etc., que la loi civile ne peut supprimer. Mais le but des institutions sociales doit être d'atténuer ces inégalités dans la plus large mesure possible.

6. — Fraternité : la *fraternité* rappelle nos devoirs, non seulement envers nos compatriotes, mais envers tous les êtres humains que nous devons considérer comme des frères.

7. — Ce sentiment fait la force des peuples. Malheur aux nations dont les différentes classes de citoyens ne sont pas unies par les liens de la fraternité.

PENSÉE : *Les hommes naissent et demeurent libres et égaux en droits.* (Déclaration des droits de l'homme).

VIII. — Revision mensuelle.

---

(1) Voir Instruction civique, pages 15 et 16.

Février

PROGRAMME : I. Devoirs envers soi-même : Dignité personnelle. — Le corps et l'esprit. — II. Devoirs envers le corps. — III. Propreté. — IV. Tempérance, frugalité, sobriété. — V. Intempérance. — VI. Dangers de l'ivrognerie et de l'abus du tabac. — VII. La gymnastique et les exercices corporels. — VIII. Révision mensuelle.

I. — Devoirs envers soi-même : Dignité personnelle. — Le corps et l'âme ou esprit (1).

1. — L'homme a des devoirs à remplir envers **lui-même** et tous ces devoirs peuvent se résumer en un seul : **respecter et développer en soi le sentiment de l'honneur et de la dignité humaine ou personnelle.** (Voir respect de soi-même, deuxième résumé d'Avril, page 28).

2. — Les devoirs de l'homme envers lui-même sont de deux sortes : devoirs envers le *corps*, devoirs envers l'*esprit*. Le corps est la partie matérielle de l'homme ; l'esprit en est la partie immatérielle : c'est la personne humaine, avec sa *volonté*, sa *raison*, sa *liberté* et sa *responsabilité*.

3. — Il y a une étroite **solidarité** entre le corps et l'**âme ou esprit** : notre activité, notre force, notre énergie, nos joies sont en rapport avec notre état de santé : et, réciproquement, si notre âme est triste, notre corps est languissant.

PENSÉES : *C'est par la dignité du corps et de l'âme qu'on mérite le respect.*

L'homme sage désire, avant toute autre chose, une âme saine dans un corps sain. — (*Mens sana in corpore sano*).

(JUVÉNAL).

---

(1) Au point de vue de la morale laïque les mots *esprit* et *âme* sont absolument synonymes et désignent tout simplement l'ensemble des facultés intellectuelles qui distinguent l'homme des autres animaux.

II. — Devoirs envers le corps.

1. — Le corps est l'**ensemble** de nos **organes**; il n'est que le serviteur de l'âme.

2. — La dignité personnelle nous oblige à maintenir notre corps en état de remplir notre mission d'homme de bien et de citoyen utile.

3. — Le *premier* devoir de l'homme envers lui-même, c'est de *conserver sa vie*. Cette obligation est la condamnation du suicide et de toute mutilation. Se donner la mort, c'est n'avoir pas le courage de supporter les adversités de la vie; c'est faillir à la tâche que nous avons à remplir.

4. — Mais ce ne serait pas assez de vivre, il faut encore conserver et fortifier notre santé en observant les préceptes de l'hygiène. Les principaux préceptes de l'hygiène concernent la *propreté*, la *tempérance* et l'*exercice*.

Pensées : *1. Se suicider, c'est déserter; et déserter, c'est lâcheté.*
2. Guérir les maladies, c'est bien ; les prévenir, c'est mieux.

III. — Propreté.

1. — La *propreté* est indispensable à la santé; elle *attire l'estime et la sympathie*. La *malpropreté* peut causer de graves maladies ; elle incommode les autres et provoque le dégoût.

2. — La *propreté* est une vertu ; de plus elle est l'indice de l'élévation de l'esprit et du cœur : être propre c'est se respecter et respecter les autres. Soyons propres sur notre corps, sur nos vêtements, dans nos maisons, etc.

3. — Nous devons également observer dans nos vêtements la *décence* et la simplicité. Il faut donc éviter dans la façon de se vêtir tout ce qui serait choquant et contraire aux convenances, de même que les raffinements du luxe et de la mode.

Pensée : *La propreté est la marque extérieure du respect de soi-même.*

IV. — Tempérance. — Frugalité. — Sobriété.

1. — La *tempérance* est la vertu qui nous porte à ne faire aucun excès nuisible au corps, particulièrement en ce qui concerne le boire et le manger ; elle a deux formes principales : la *frugalité* ou modération dans le manger ; la *sobriété* ou modération dans le boire.

2. — La tempérance rend le corps souple et conserve à l'homme toute son intelligence.

3. — La tempérance est nécessaire à la santé. La femme, même douée d'une constitution faible, si elle mène une vie réglée et sobre, est plus sûre d'arriver à la vieillesse qu'une femme parfaitement constituée qui commet des excès dans le boire et dans le manger.

4. — Enfin la femme doit s'abstenir de tout excès dans le boire et le manger, parce que c'est un être raisonnable, qu'elle ne doit avoir que des sentiments élevés et délicats et que la gourmandise est une cause de dégradation morale.

PENSÉE : *La première chose à faire pour se bien porter, c'est de manger et boire sobrement.*

(HIPPOCRATE).

V. — L'Intempérance.

1. — *L'intempérance* est le vice opposé à la *tempérance*. Ses deux caractères les plus honteux sont la *gourmandise* et *l'ivrognerie*.

2. — La *gourmandise*, excès dans le manger, fatigue le corps et affaiblit nos facultés morales et intellectuelles : « estomac plein, tête vide. » Elle occasionne des maladies qui ruinent le corps et causent de cruelles souffrances.

3. — La femme *sobre* conserve sa santé ; elle a le sentiment intime de sa dignité personnelle et elle jouit de l'estime publique.

PENSÉE : *Il faut manger pour vivre, et non vivre pour manger. — L'eau est la plus saine des boissons.*

VI. — Dangers de l'ivrognerie et de l'abus du tabac.

1. — *L'ivrognerie* ou abus des boissons alcooliques est une des passions les plus funestes à l'humanité, elle amène la misère, met le trouble dans les familles, détruit la santé, l'intelligence et la mémoire.

2. — *L'ivrognerie* peut causer la folie et conduit parfois au *crime* ou à une mort prématurée. Elle a en outre des conséquences désastreuses pour les familles : les enfants d'alcooliques sont presque toujours malingres, souffreteux, maladifs et parfois idiots. La loi réprime l'ivrognerie, car c'est une véritable plaie sociale.

3. — *L'abus du tabac* est également nuisible à la santé et aux facultés intellectuelles.

4. — L'habitude de fumer est surtout dangereuse pour les enfants.

PENSÉES : *L'ivrogne boit le sang de ses enfants. — Le vice de l'ivrognerie, si honteux chez l'homme, est encore plus répugnant chez la femme.*

VII. — Les exercices corporels et la Gymnastique.

1. — *Les exercices corporels* sont une des conditions essentielles d'une bonne santé.

2. — Les meilleurs exercices sont la *promenade*, la *marche*, la *course*, la *natation*, les *divers jeux en plein air* et la *gymnastique*.

3. — La gymnastique était fort en honneur chez les anciens : elle fortifie les membres, assouplit les muscles, donne de l'adresse et de l'agilité ; elle donne aussi à l'âme la volonté et l'énergie.

4. — Le défaut d'exercice alourdit le corps, diminue les forces, rend moins résistant à la fatigue et prédispose à la maladie.

PENSÉE : *Une bonne élève doit se montrer aussi ardente au jeu et aux exercices gymnastiques qu'à l'étude.*

VIII. — Revision mensuelle.

Mars

PROGRAMME : I. Les biens extérieurs. — La propriété — II. Le travail. — L'oisiveté. — III. L'économie. — L'épargne. — IV. Prodigalité. — V. Les dettes. — VI. Avarice. — Cupidité. — VII et VIII. Révision.

I. — Les Biens extérieurs. — La Propriété.

1. — On entend par *biens extérieurs* ceux qui sont nécessaires à l'homme pour se nourrir, se vêtir, se loger et généralement tout ce qui contribue au bien-être matériel ou intellectuel.

2. — Les principaux biens extérieurs sont : la *terre* et ses produits ; les *aliments*, les *vêtements*, les *habitations*, les *meubles*, les *outils* de toutes sortes, les *livres*, *les armes*, les *valeurs* (titres de rente, actions, obligations, etc.) et enfin la *monnaie*, qui facilite les échanges.

3. — Les biens extérieurs s'acquièrent par le travail et se conservent par l'*économie* et par l'*épargne*.

4. — Ces biens extérieurs constituent la *propriété*.

RÉFLEXIONS : *La richesse acquise par le travail est légitime et sacrée.* — *La violation de la propriété est le vol.*

II. — Le Travail. — L'Oisiveté.

1. — Le travail sous toutes ses formes, soit *manuel*, soit *intellectuel* est honorable : il assure l'indépendance et la dignité de l'individu, et le met à l'abri de l'ennui, du besoin et du vice ; il donne à l'homme la santé, la vigueur d'esprit et la paix du cœur.

2. — Le **travail est nécessaire** pour faire produire leurs richesses à la terre et à l'industrie, pour exercer nos facultés et développer notre intelligence. C'est par le **travail** que la plupart des hommes peuvent se procurer les choses indispensables à leurs besoins ; il est le salut de la société ; il est aussi un plaisir, car on est satisfait d'une journée bien remplie, d'une œuvre conduite à bonne fin.

3. La loi du travail est, de plus, une obligation morale, car nous profitons du travail des ancêtres et notre devoir est d'être utile à notre tour, de travailler pour tous, de collaborer aux progrès de l'humanité.

4. — Autant le *travail est noble*, autant l'*oisiveté est méprisable*. « Semblable à la rouille, l'oisiveté use plus que le travail ». Malheur à qui n'a pas appris à travailler !

PENSÉES : *L'homme est né pour travailler comme l'oiseau pour voler.* — *L'oisiveté est la mère de tous les vices.*

III. — L'économie. — L'épargne.

1. — Pour conserver les biens acquis par le travail, pour subvenir à nos besoins pendant les **maladies**, le **chômage**, la **vieillesse**, nous devons pratiquer l'**économie** et l'**épargne**.

2. — L'économie est un juste milieu entre l'*avarice* et la *prodigalité*. Elle consiste à ne pas faire de dépenses inutiles, à n'acheter que des choses nécessaires, et à les faire durer le plus longtemps possible. L'*ordre* dans le ménage et dans les affaires est une condition essentielle de l'économie.

3. — Il faut aussi être économe de son temps : « *Le temps est de l'argent ; c'est l'étoffe dont la vie est faite.* »

4. — L'épargne est la suite naturelle de l'économie ; elle consiste à accumuler les ressources produites par l'économie, à en faire provision, dans le but d'éviter la misère dans les jours difficiles ou de soulager la misère d'autrui.

L'épargne permet presque toujours d'arriver à l'*aisance* sinon à la fortune.

5. — Les principales institutions d'épargne et de prévoyance sont : les **caisses d'épargne**, les **caisses de retraite pour la vieillesse** et les **sociétés de secours mutuels**. L'homme prévoyant, qui confie ses économies, petites ou grandes, à ces belles institutions, assure ses vieux jours contre la misère.

PROVERBE : *Les petits ruisseaux font les grandes rivières.*

PENSÉE : *L'ordre chez la femme est la première richesse de la maison.*

SUJETS DE RÉDACTION

1. — *L'ordre.* — Développez la PENSÉE ci-dessus dans une lettre à une amie et indiquez-lui avec détails quels sont les soins pratiques à prendre pour être une femme d'ordre.

2. — *Le travail.* — Développez cette parole d'Anatole France : « Mon fils, si j'étais riche je ne te donnerais pas les moyens de vivre sans rien faire, car ce serait te donner des vices et de la honte ! »

3. — *La caisse d'épargne.* — Indiquez le fonctionnement de la caisse d'épargne scolaire, de la grande Caisse d'épargne, de la caisse d'épargne postale. — Dépôts. — Livrets. — Retraits de fonds. — Intérêts. — Limite des dépôts, etc. — Avantages de la caisse d'épargne sur les tirelires ou les bas de laine.

IV. — Prodigalité. — Jeu.

1. — Les ennemis de l'épargne, de l'aisance, de la propriété sont la *prodigalité* et le *jeu*.

2. — Le *prodigue* et le *dissipateur* dépensent sans nécessité, sans discernement, sans compter. Ils jettent, comme on dit, « l'argent par les fenêtres » et ils arrivent bientôt à la ruine.

3. — La passion du *jeu de hasard* ou *d'argent* est une des plus funestes. Le joueur perd son temps et son argent, et, peu à peu, le goût du travail et le sentiment de son honneur et de sa dignité.

PROVERBE : *Le prodigue déjeune avec l'abondance, dîne avec la misère et soupe avec la honte.*

PENSÉE : *La passion du jeu conduit souvent à la ruine et au suicide.*

V. — Les dettes.

1. — Les *dettes* sont généralement le résultat de l'imprévoyance de la prodigalité, du jeu. — Les dettes se font, soit par des emprunts d'argent, soit par des achats à crédit.
La bonne ménagère doit tenir avec soin son carnet de dépenses et se faire une loi absolue de ne pas dépenser au-delà de ses ressources.

2. — N'oublions pas que les achats à bon marché sont toujours trop chers quand il ne s'agit pas de choses utiles.

3. — Quand on contracte facilement des dettes on dépense aussi facilement son argent ; c'est même pour cette raison que le proverbe dit : « On s'enrichit en payant ses dettes. »

4. — Celui qui fait des dettes perd sa dignité et son indépendance. — Celui qui fait des dettes, sachant qu'il ne pourra pas les payer, manque de *probité* : c'est un *escroc*.

PENSÉE : *En vous endettant, songez à ce que vous faites : vous donnez à autrui des droits sur votre liberté.*

(FRANKLIN).

VI. — Avarice. — Cupidité.

1. — Il est permis de rechercher la fortune par le travail et les moyens honnêtes ; mais on ne doit pas perdre de vue que le but principal de la vie est de faire le bien et non de s'enrichir. Par conséquent, s'il faut être économe et prévoyant, il faut bien se garder de devenir **avare** ou **cupide**.

2. — *L'avarice* est un attachement immodéré aux biens de la terre, principalement à l'argent. — L'avare n'économise pas pour subvenir à ses besoins ou à ceux de sa famille : il se refuse tout bien-être et prive les siens du nécessaire.

3. — Insensible aux souffrances d'autrui, l'avare ne songe qu'à son argent qui lui est plus précieux que sa santé et que sa vie ; son **égoïsme** le fait détester de tous.

4. — La *cupidité* est l'amour excessif du gain. Cet amour nous expose à manquer d'honnêteté, de loyauté, de justice et d'humanité, il porte atteinte à notre considération.

Une des formes les plus détestables de la *cupidité* est l'*usure*.

5. — La loi punit les usuriers et défend les prêts d'argent à un taux supérieur au taux légal (5 %, dans les affaires civiles).

PENSÉES : *L'avare se fait un dieu de son argent.* — *L'argent est un bon serviteur et un mauvais maître.*

VII & VIII. — Révision trimestrielle.

SUJETS DE RÉDACTION

I. — La *paresse* et le *travail*. — Expliquez et justifiez cette pensée : «L'oisiveté est la mère de tous les vices» puis montrez que le travail est utile, bienfaisant et honorable.

II. — La *prévoyance*. — Quelles sont les institutions de prévoyance que vous connaissez. — Montrez les avantages que peut en retirer une ouvrière laborieuse et économe. Qu'est-ce que la mutualité scolaire? En faites-vous partie? Pourquoi?

III. — Le *jeu*. — Que pensez-vous des jeux de hasard et d'argent. — Faites voir comment le joueur est souvent conduit au déshonneur et au suicide.

Avril

PROGRAMME : I. L'Ame. — Culture des facultés. — II. Respect de soi-même. — III. Modestie. — IV. Sincérité. — Respect de la parole donnée. — V. Orgueil. — Vanité. — Egoïsme. — VI. Jalousie. — Colère. — VII. Bonté envers les animaux. — VIII. Revision mensuelle.

I. — L'Ame. — Culture des facultés.

1. — *L'âme* ou *esprit* est la partie immatérielle de l'homme.

2. — Les *facultés* sont pour l'âme ce que les organes sont pour le *corps*. Ces facultés sont au nombre de trois : la *sensibilité*, qui nous fait éprouver plaisir ou douleur ; *l'intelligence*, qui éclaire la pensée et la raison et nous fait distinguer le vrai du faux, et la *volonté*, qui nous décide librement entre le bien ou le mal.

3. — Ces trois facultés de l'âme se développent par l'instruction et surtout par l'éducation.

4. — L'éducation et l'instruction sont aussi nécessaires à l'âme que les aliments le sont au corps. Elles éclairent l'homme, lui font connaître ses devoirs et lui donnent les moyens d'améliorer sa condition. L'**ignorance**, au contraire, **abaisse** l'homme, le rend inférieur aux autres et le met à la merci du premier venu. L'ignorance est une des conséquences de la paresse.

5. — Les *passions*, comme l'orgueil, la colère, etc., sont ennemies de la sensibilité et de la raison.

PENSÉE : *Connais-toi toi-même.*

II. — Respect de soi-même.

1. — La **dignité personnelle** est le sentiment que chacune de nous doit avoir de sa valeur morale et intellectuelle. Le **respect de soi-même** est la conséquence naturelle de la dignité personnelle.

2. — La femme qui *se respecte* évite tout acte contraire à l'honneur, elle remplit tous ses devoirs, travaille sans cesse à son amélioration morale, pratique la tempérance, le courage, l'amour de la vérité.

3. — Elle ne flatte personne ; ne recherche pas les louanges ; n'est pas hypocrite ; elle supporte avec courage les privations, les souffrances, les injustices même. En un mot, elle ne fait rien qui puisse l'amoindrir aux yeux de ses semblables et à ses propres yeux et toute action qui n'est pas honorable lui répugne.

PENSÉE : *Recherchez avant tout votre propre estime ; celle des autres viendra par surcroît.*

III. — Modestie.

1. — « Connais-toi toi-même ». C'est le principe de la sagesse. Cette connaissance de ce que nous valons, et surtout de ce que nous ne valons pas, nous conduit à la *modestie*.

2. — La *modestie* est la vertu du vrai mérite : les sots et les ignorants sont toujours orgueilleux. Cependant la modestie s'accorde parfaitement avec la *fierté*, sentiment que nous avons de notre dignité personnelle ; avec l'*honneur*, sentiment qui nous fait désirer l'estime des autres et de nous-mêmes.

3. — La modestie sied à tout le monde, mais elle plaît surtout chez les enfants et les jeunes filles.

PENSÉE : *La modestie est au mérite ce qu'un voile est à la beauté : elle en fait ressortir l'éclat.*

IV. — Sincérité. — Respect de la parole donnée.

1. — La *sincérité* ou *franchise* est la vertu qui nous porte a aimer la *vérité* et à la dire toujours, coûte que coûte. Le contraire est le *mensonge*, vice méprisable, qui nuit à notre prochain en le trompant, et à nous-mêmes en nous dégradant. La jeune fille menteuse n'est plus crue de personne, même quand elle dit la vérité.

2. — Parlons avec **discrétion** : efforçons-nous de prouver que c'est à tort que l'on a fait aux femmes la réputation d'être bavardes. La sincérité oblige à penser ce que l'on dit, non pas à dire tout ce que l'on pense « **La parole est d'argent, mais le silence est d'or** » disent les Orientaux.

3. — Ne promettons rien sans réflexion ; mais quand nous avons fait une promesse, donné notre parole, que ce soit pour nous un engagement sacré.

4. — Le serment est un **acte grave et solennel** ; le violer c'est se **parjurer** et se rendre **criminelle**.

PENSÉES : *Le mensonge est un vice d'esclave : il est indigne d'un homme libre. — La parole d'un honnête homme vaut un écrit. — Tout flatteur est menteur : ne l'écoutez pas.*

Orgueil. — Vanité. — Égoïsme.

1. — Il ne faut pas confondre l'*orgueil* avec la *fierté* légitime que nous avons de notre qualité d'hommes.

L'orgueil est le sentiment exagéré de notre valeur personnelle ; il nous porte à nous croire au-dessus de nos semblables ; il endurcit le cœur et conduit à l'*égoïsme*.

2. — L'égoïste ne voit que lui, ne pense qu'à lui et ne vit que pour lui seul.

3. — La *vanité* consiste à faire parade des avantages que l'on a ou que l'on croit avoir. Elle rend la femme dissimulée, prétentieuse et ridicule.

4. — La vanité est voisine de la *fatuité* (vanité des avantages extérieurs : richesse, beauté, etc.) ; de la *coquetterie* (goût de la parure) ; de la *frivolité* (recherche des choses légères et sans importance). Évitons ces vilains défauts, assez communs chez les femmes et les jeunes filles.

Pensées : *L'orgueil est l'apanage du sot.* — *On fuit les égoïstes ; on ne les plaint pas quand ils souffrent.*

VI. — Envie. — Jalousie. — Colère.

1. — *L'orgueil*, la *vanité* mènent à l'*envie*, à la *jalousie*, et celle-ci à la *colère* et à la *haine*.

2. — *L'envie* est un sentiment de haine et de chagrin qu'on ressent du bonheur ou des avantages d'autrui. La *jalousie*, c'est l'envie moins la haine.

3. — Gardons-nous de la colère qui est comme une folie momentanée ; elle rend injuste et peut entraîner aux actes les plus regrettables.

4. — La **colère** n'a rien de commun avec l'**indignation**, colère noble et généreuse que l'âme éprouve en face des mauvaises actions.

5. — Soyons modérées dans nos désirs, douces, patientes, d'une humeur égale et, sans être apathiques ou indifférentes, sachons garder la possession de nous-mêmes.

Pensées: — *La seule ambition légitime est celle de s'élever par le travail, l'intelligence et la vertu.* — *L'envie est le poison de la vie.* — *La colère est mauvaise conseillère.*

VII. — Devoirs envers les animaux.

1. — Nos besoins nous donnent le droit de tuer les animaux même utiles ; mais nous ne devons pas les faire souffrir sans nécessité. Il faut, au contraire, les traiter avec douceur, les nourrir convenablement et ménager leurs forces.

2. — Nous n'avons pas deux cœurs, l'un cruel pour les animaux, l'autre bienveillant pour les hommes.

3. — La **cruauté** envers les animaux produit la **dureté** du cœur ; et celles qui martyrisent les bêtes sont bien près de se livrer à la violence envers leurs compagnes.

4. — La fillette qui arrache les ailes à une mouche, les pattes à un hanneton, ou qui détruit un nid d'oiseaux, s'habitue à être cruelle.

5. — (Loi Grammont, votée le 2 juillet 1850). « Seront punis d'une amende de 5 à 15 francs et pourront l'être de 1 à 5 jours de prison, ceux qui auront exercé publiquement et abusivement des mauvais traitements envers les animaux domestiques. La peine de la prison sera toujours applicable en cas de récidive. — Les combats de chiens, de coqs, tir à l'oie sont passibles des mêmes peines ».

6. — Une association s'est formée en France sous le nom de **Société protectrice des animaux** pour venir en aide à l'exécution de la loi. Dans beaucoup d'écoles, il existe des sociétés d'élèves ayant le même but.

Résolution : *Sois bonne à l'égard de tes semblables et étends cette bonté à tous les êtres de la création.*

VIII. — Révision mensuelle.

SUJETS DE RÉDACTION

1. — Le *mensonge*. — Pourquoi le mensonge est-il haïssable ? — Quel est le contraire du mensonge ? — Faites le portrait d'une jeune fille menteuse. Dites comment elle se comporte à l'égard de ses compagnes, de sa maîtresse, de ses parents.

2. — La *flatterie*. — En quoi consiste la flatterie. — Expliquez pourquoi il faut se défier des flatteurs. — Citez une fable à ce sujet.

3. — Les *nids*. — Écrivez à votre petit cousin qui prend plaisir à dénicher les nids d'oiseaux.

Mai

PROGRAMME : I. La Société. — Sa nécessité. — Ses bienfaits. — II. La Solidarité. — La Fraternité. — III. Respect de la vie humaine. — IV. Respect de la liberté d'autrui. — V. Respect du bien d'autrui. — Le vol. — VI. Respect de la réputation. — Médisance. — Calomnie. — VII. Respect des opinions et des croyances. — VIII. Révision.

I. — La Société. — Sa nécessité. — Ses bienfaits.

1. — L'homme recherche la *société* de ses semblables, et la *réclusion* ou isolement absolu est un des plus durs châtiments qu'on puisse lui imposer.

2. — Sans le secours de la société, l'homme ne mènerait qu'une vie misérable, manquerait de tout et ne saurait se défendre contre les animaux et les éléments.

3. — Si vous mangez, songez que pour que le pain arrive sur votre table il a fallu que des terres aient été défrichées, labourées, fumées, ensemencées et que le froment ait été récolté, battu, broyé, puis que la farine ait été pétrie et cuite au four. Tout cela représente le travail de bien des hommes ! Vos vêtements, si simples qu'ils soient, supposent une quantité énorme de travail, d'industries et d'inventions ingénieuses. Enfin, si vous allez en voyage, d'autres hommes ont aplani les routes, comblé les vallées, jeté des ponts sur les rivières et mis à votre service les chevaux et la vapeur. C'est pourquoi un économiste a pu dire que, dans une seule journée, un homme de notre époque consomme des choses qu'il ne pourrait produire à lui seul en dix siècles.

4. — La *société* est donc nécessaire à notre existence même et à la satisfaction de nos besoins matériels et moraux.

5. — Les bases de la société sont la *justice* et la *fraternité*.

PENSÉES : *Ne fais pas à autrui ce que tu ne voudrais pas qu'on te fît.* (JUSTICE).

Fais pour autrui ce que tu voudrais qu'on fît pour toi. (FRATERNITÉ).

II. — La solidarité. — La fraternité.

1. — Nous profitons de tout le bien qu'a produit la société à travers les siècles, et de tout ce qu'elle produit de beau et d'utile aujourd'hui.

2. — Les hommes travaillent donc les uns pour les autres, et il est de leur intérêt de se secourir mutuellement. C'est cette sorte de *mutualité des intérêts* qu'on appelle *solidarité*.

3. — La *fraternité* est le complément, et comme l'extension, de la solidarité. Celle-ci repose surtout sur l'intérêt, tandis que la fraternité a son principe dans la charité et l'amour du prochain.

C'est à la fraternité que l'on doit les *hospices*, les *hôpitaux*, les *asiles*, les *orphelinats* et toutes les institutions de bienfaisance. C'est encore la fraternité qui doit nous porter à travailler au bonheur des autres et à les aider à devenir meilleurs.

PENSÉE : *Aidons-nous les uns les autres puisque nous sommes frères.*

III. — Respect de la vie humaine.

1. — Le premier devoir de justice est le *respect de la vie humaine.* « *Tu ne tueras point.* »

2. — Tuer une personne, c'est l'empêcher d'accomplir sa destinée ; c'est priver la société d'un membre utile et, par suite, violer gravement la loi morale.

3. — La loi écrite, d'accord en cela avec la loi morale, punit avec la dernière rigueur le crime de meurtre *ou homicide*. Elle n'admet que deux exceptions : *le droit de légitime défense* et le *cas de guerre*.

4. — Le cas de légitime défense est limité, comme tous nos droits ; il disparaît au moment où notre vie n'est plus menacée.
La guerre est le cas de légitime défense appliqué à la société.
C'est aussi en se basant sur le droit de légitime défense que la société prononce la **peine de mort** contre les **assassins** (1).

5. — Le duel est contraire à la loi morale : il l'est aussi à la loi civile : *Nul ne doit se faire justice à soi-même.*

6. — Le devoir de respecter la vie humaine non seulement nous défend le meurtre, mais nous interdit aussi les blessures, les coups, les violences et même les disputes.

PENSÉE : *Puisque la vie est le plus grand des biens, l'homicide est le plus grand des crimes.*

---

(1) La peine de mort n'a plus que de rares applications en France et est abolie dans plusieurs pays d'Europe.

IV. — Respect de la liberté d'autrui.

1. — La *liberté individuelle* c'est-à-dire la liberté d'aller et d'agir selon sa volonté et sa raison est un **bien** sans lequel les autres ne sont rien.

2. — Ce bien, nous n'avons pas le droit d'en priver nos semblables ; l'esclavage et le servage étaient des institutions monstrueuses et immorales que la civilisation a fait heureusement disparaître.

3. — Nous pouvons et nous devons être jaloux de notre liberté ; mais, en l'exerçant, gardons-nous de violer celle de nos semblables, qui limite la nôtre. Faire emprisonner un innocent, séquestrer ou faire séquestrer un être faible, arbitrairement et sans nécessité ; abuser de notre force ou de notre pouvoir pour contraindre autrui à agir contre sa volonté, c'est violer la liberté individuelle.

4. — « Les hommes naissent et demeurent libres. — Nul homme ne peut être accusé, arrêté, ni détenu, que dans les cas déterminés par la loi et selon les formes qu'elle a prescrites. Ceux qui sollicitent, exécutent ou font exécuter des **ordres arbitraires** doivent être punis, mais tout citoyen appelé ou saisi en **vertu de la loi** doit obéir à l'instant ; il se rend coupable par la résistance. » (Déclaration des droits de l'homme).

PENSÉE : *Sans la liberté, la vie perd tout son prix ; l'homme n'est plus un homme : c'est un instrument.*

V. — Respect des biens d'autrui.

1. — La **propriété**, fruit du travail, est un **droit**, et priver quelqu'un de ce qui lui appartient, c'est manquer au devoir de justice : « Tu ne déroberas pas. » Toute violation de la propriété est un vol que la loi punit selon la gravité de la faute.

2. — Le vol proprement dit consiste à prendre ce qui appartient à un autre ; mais il y a d'autres formes de vol ; *maraudage, braconnage, fraude, contrebande*.

3. — *S'approprier* un dépôt confié, *garder* pour soi un objet trouvé, *tromper* sur le poids et la qualité de la chose vendue, *tricher* au jeu, sont autant d'atteintes au droit de propriété.

4. — La destruction de récoltes, d'arbres ou d'objets quelconques, appartenant à autrui, est assimilée à un vol.

PENSÉE : *Celui ou celle qui a volé d'une façon quelconque est tenu à restituer ou à réparer le tort commis.*

VI. — Respect de l'honneur et de la réputation.

1. — Une bonne réputation est une chose tellement importante que la plupart des hommes y attachent autant de prix qu'à la vie même. En conséquence, nous devons respecter la réputation de nos semblables comme leur vie et leur liberté.

2. — On nuit à la réputation d'autrui par la *médisance* et la *calomnie*. Médire, c'est faire connaître les défauts d'autrui sans y être obligé par un motif sérieux. Le médisant est un bavard malfaisant, ce n'est pas un menteur.

3. — *Calomnier*, c'est mentir dans l'intention de nuire à notre semblable et de le déshonorer. La loi civile punit sévèrement les *calomniateurs*.

4. — Les *diffamateurs* répandent parfois leurs médisances ou leurs calomnies au moyen de lettres sans signature. La lettre *anonyme* est une lâcheté ; celui qui l'écrit est un être méprisable.

PENSÉE : *Celui qui écoute avec complaisance les commérages des médisants et les mensonges des calomniateurs devient leur complice et manque gravement aux devoirs de justice qu'il doit à son prochain.*

VII. — Respect des opinions et des croyances.

1. — Nul ne doit être inquiété pour ses opinions, même religieuses, pourvu que leur manifestation ne trouble pas l'ordre public établi par la loi. » (Déclaration des droits de l'homme).

2. — Tout en gardant et en défendant au besoin nos convictions politiques, religieuses ou anti-religieuses, nous devons *respecter* les *opinions*, les *croyances* ou la *libre-pensée* d'autrui, parce qu'elles font partie de sa liberté.

3. — Soyons *tolérants*. Habituons-nous à souffrir la *contradiction*, nos semblables ayant le droit de tenir à leurs opinions et à leurs croyances comme nous tenons aux nôtres.

4. — Détester ou simplement ne pas estimer les personnes qui pensent autrement que nous, c'est faire acte d'**intolérance**.

5. — L'*intolérance* a plusieurs fois armé les uns contre les autres les citoyens d'un même pays : les guerres civiles ou religieuses, n'ont pas, le plus souvent, d'autres causes que l'intolérance.

PENSÉE : *Si nous voulons propager nos opinions, c'est par la persuasion qu'il faut agir, et non par la force.*

VIII. — Résumé du mois.

SUJETS DE RÉDACTION

I. — Justice et charité.

Votre maîtresse vous a fait une leçon sur les devoirs de justice et sur les devoirs de fraternité. Faites connaître vous-même quels sont ces devoirs et imaginez deux histoires dans lesquelles vous ferez voir la différence qu'il y a entre nos devoirs de justice et nos devoirs de fraternité.

II. — Les objets trouvés.

Vous venez de trouver un portefeuille contenant des billets de banque. Exposez ce que vous ferez de cette trouvaille, et donnez les raisons qui vous font agir ainsi.

III. — La maraude.

Pauline et Jeanne traversent un jardin qui appartient au voisin et dont les arbres sont couverts de fruits. Pauline veut cueillir quelques poires et engage Jeanne à l'imiter. Elles sont seules, personne ne les verra. Jeanne résiste. Dialogue entre elles. Indiquez le dénouement et donnez votre appréciation.

IV. — La médisance et la calomnie.

Une de vos amies se complaît à dire du mal de ses compagnes. Vous lui écrivez pour lui montrer combien sa conduite est blâmable et vous vous efforcez de lui inspirer de l'horreur pour la médisance et la calomnie.

V. — La rapporteuse.

Que pensez-vous d'une élève *rapporteuse ?* — Votre voisine a commis une faute que la maîtresse vous impute. Vous êtes punie à sa place. Dites ce que vous ferez.

VI. — La tolérance.

En quoi consiste la tolérance ? — Nos pères étaient-ils tolérants au seizième siècle ? — Quels maux l'intolérance causa-t-elle à la France ? — Quel souvenir rappelle la date du 24 août 1572 ? Quelle mesure prit un grand roi pour mettre fin aux guerres de religion ?

Juin

PROGRAMME : I. La Fraternité. — II. Les vertus de la fraternité. — III. La Bienveillance. — IV. L'Amitié. — V. La Bienfaisance. — VI. Le Dévouement. — VIII. Devoirs envers Dieu.

1. — La fraternité.

1. — La loi morale ne nous défend pas seulement de nuire à nos semblables, elle nous oblige encore à leur faire du bien. Il ne suffit pas de ne pas les tuer, il faut les aider à vivre; ni de respecter leur bien, il faut encore leur faire part du nôtre.

2. — La *fraternité* ou *amour du prochain* complète la justice. Elle nous commande de nous *aimer* et de nous *secourir* les uns les autres.

3. — La fraternité n'est pas **imposée** par la loi civile; mais la conscience nous en fait un **devoir** : elle est **moralement obligatoire**. Ce qui en fait la valeur, c'est qu'elle est **libre** et volontaire.

4. — La fraternité s'adresse au corps par des secours aux malheureux, par une compassion active pour les malades et les infirmes. Elle s'adresse à l'âme par les bons conseils, les consolations, les encouragements, l'instruction.

PENSÉE : *Il est doux de faire du bien. Le bonheur appartient à qui fait des heureux.*

II. — Les vertus de fraternité.

1. — Les devoirs de fraternité ne peuvent être *résumés* comme ceux de justice : ils sont *illimités*; cependant on peut dire que la fraternité s'exerce par :

2. — 1° La *bonté* (politesse, bienveillance, indulgence, générosité).
2° *L'amitié.*
3° *La bienfaisance* (charité, aumône) et la *reconnaissance*, qui en est la contre-partie.
4° Le *dévouement* ou héroïsme, qui est le plus haut degré la perfection de toutes les vertus.

PENSÉES : *L'occasion de faire du bien se présente partout où il y a des hommes.* (SÉNÈQUE).

L'homme généreux pardonne les injures et rend le bien pour le mal.

III. — Bienveillance. — Indulgence.

1. — La *bienveillance*, disposition à accueillir avec sympathie et à aider nos semblables, est le premier degré de la fraternité. La *politesse* est une forme de la bienveillance.

2. — Toute personne a droit à notre bienveillance, mais ce sentiment ne doit pas rester au fond de notre cœur: il faut qu'il se manifeste dans nos paroles, et surtout dans nos actes.

3. — « Un **accueil poli**, une **parole aimable**, un **acte de complaisance** ne coûtent pas bien cher ; que de bien pourtant ils peuvent faire, quels liens ils nouent entre les hommes ! » (G. GÉRARD).

4. — *L'indulgence* est une des vertus sociales les plus nécessaires, car si nous ne voulions rien nous passer les uns aux autres, nous serions toujours en querelle. Nous avons tous nos défauts: nous devons donc être indulgents pour les défauts des autres.

PENSÉE ; *La bienveillance attire la sympathie des autres, et la sympathie tend à devenir l'amitié.*

IV. — L'Amitié.

1. — La fraternité nous commande de nous *aimer* les uns les autres.

2. — Toute personne a droit à notre sympathie: la conformité des goûts et des sentiments engendre *l'amitié* qui, plus étroitement que la sympathie, unit certaines personnes.

3. — L'amitié est la joie de la vie. Elle nous donne une nouvelle famille, les vrais amis étant entre eux comme des frères.

4. — Ce sont les qualités qu'ils se découvrent qui rapprochent les amis. Habituons-nous, dès l'enfance, à n'accorder notre amitié qu'à ceux qui en sont dignes. Avant tout, l'amitié doit être désintéressée.

PENSÉES: *Rien de plus rare et de plus précieux qu'un véritable ami.*

— *Fasse le ciel, disait Socrate, que ma maison, qu'on trouve trop petite, soit pleine de vrais amis !*

V. — Bienfaisance. — Charité.

1. — La *bienfaisance* — le nom même le dit — consiste à faire du bien aux autres. Le plus souvent, elle s'exerce par la *charité* et l'*aumône*.

2. — L'*aumône* n'est pas toutefois la meilleure manière de faire le bien, mieux vaut, quand on le peut, secourir les malheureux, en les *relevant* par le *travail*.

3. — En tous cas, il ne faut pas humilier le pauvre : la **façon de donner vaut mieux que ce que l'on donne** : la bienfaisance doit être discrète, l'ostentation lui enlève tout mérite.

4. — A côté des besoins du corps, il y a les *souffrances morales* : nous devons consoler les affligés, les encourager, instruire les ignorants : en un mot secourir les misères de toutes natures : physiques, intellectuelles et morales.

PENSÉES : *Donnez, riches, l'aumône est sœur de la prière. — Avec ton or, donne ton cœur.*

VI. — Le Dévouement.

1. — Le **dévouement** est la forme la plus sublime de la fraternité.

2. — Se **dévouer**, c'est faire l'abandon de ses biens, de sa liberté, de sa vie pour sauver ses semblables ; c'est le triomphe du **sentiment du devoir sur l'égoïsme**.

3. — Il y a le dévouement à la *Patrie*, à la *science*, à l'*humanité* ; mais les occasions de se dévouer peuvent se présenter à chaque instant, et naître des incidents de la vie de chaque jour.

4. — Le dévouement ne se manifeste pas seulement dans les actes éclatants, comme le sauvetage d'une personne en danger ; il y a des dévouements plus modestes, plus obscurs, et peut-être plus méritoires : c'est le dévouement des enfants, de la sœur aînée, des domestiques qui, toute leur vie, s'oublient eux-mêmes pour prendre soin de leurs parents, de leurs frères et sœurs, de leurs maîtres.

PENSÉE : *Mieux vaut mourir pour les autres que vivre pour soi seul.*

Dieu. — Les religions. — La liberté de conscience.

1. — On désigne sous le nom de **déistes** les personnes qui admettent l'existence d'un **Dieu**, être suprême et éternel, idéal de bonté, de justice et de perfection absolue. Mais les uns croient que Dieu est le créateur du ciel et de la terre, qu'il gouverne les humains par sa providence et les punit ou les récompense dans une vie future ; d'autres, n'admettent qu'une partie de ces attributs de Dieu et d'autres encore sont partisans de l'**athéisme**, c'est-à-dire qu'ils nient l'existence même d'un Dieu.

Cette diversité d'opinions provient de ce que l'idée de Dieu est surnaturelle, extra-humaine ; c'est une conception que l'on peut admettre ou rejeter, mais dont il est **scientifiquement** impossible de démontrer la réalité ou la non-existence.

Enfin les **croyants** sont eux-mêmes très divisés sur la façon d'**adorer** et de **prier** Dieu ainsi que sur la **forme** et les **cérémonies** du culte : de là la diversité des religions.

2. — Les principales religions actuelles sont : le *boudhisme*, le *brahmanisme*, le *mahométisme* ou *islamisme*, le *judaïsme* et le *christianisme* qui se subdivise lui-même en trois groupes principaux : les *catholiques*, les *protestants* et les *orthodoxes russes*.

3. — Les devoirs envers Dieu sont enseignés à chacun par les ministres de la religion qu'il professe.

4. — La « *liberté de conscience* », proclamée par l'article 10 des *Droits de l'Homme*, est le droit pour chacun de nous de pratiquer la religion qu'il préfère ou de n'en pratiquer aucune.

5. — La *tolérance* (1) nous impose le devoir de laisser les autres libres de croire ce qu'ils veulent et de n'avoir au cœur ni haine, ni mépris pour quiconque n'a pas la même opinion religieuse que nous.

PENSÉE : *On peut être honnête homme quelles que soient les opinions religieuses que l'on professe.*

Juillet et Août. — Revision générale

---

(1) Voir page 35.

QUELQUES RÈGLES DE POLITESSE

La **POLITESSE** ou civilité est la marque extérieure d'une bonne éducation. « La politesse et les bonnes manières sont de perpétuelles lettres de recommandation. »

Le MAINTIEN. — En général, qu'une jeune fille soit assise ou debout, elle doit avoir une attitude convenable, sans nonchalance ni raideur, et faire en sorte de ne pas gêner ses voisins. Les enfants remuantes et tapageuses en société ne sont pas polies.

Il ne faut pas tourner la tête à droite et à gauche comme une girouette, mettre les doigts dans son nez ou dans sa bouche, les passer dans ses cheveux, ni se gratter la tête. Quand on est assise on doit éviter d'allonger les jambes, de les croiser, ou de poser les pieds sur les barreaux de la chaise.

Il est aussi fort mal de s'accouder sur une table ou sur un siège pour soutenir sa tête.

Les petites filles qui tirent la langue, qui font des grimaces, sont des enfants mal élevées.

Autant que possible, on ne doit ni bailler, ni tousser, ni cracher devant quelqu'un. Si vous êtes prise d'un irrésistible besoin de bailler ou de tousser, il faut mettre votre mouchoir ou votre main devant la bouche et si vous êtes obligée de cracher, crachez proprement, dans votre mouchoir.

Quand on éternue, il faut également se servir de son mouchoir et faire le moins de bruit possible.

Dans les marches ou promenades, les bras doivent suivre sans raideur les mouvements du corps ; mais il faut éviter un balancement précipité ou trop étendu.

Il est contraire aux règles de la politesse de ronger ses ongles ou de les nettoyer en société. On ne doit pas non plus se nettoyer le nez ou les oreilles devant quelqu'un.

POLITESSE A LA MAISON. — En se levant, une fillette doit faire sa toilette avec soin, c'est-à-dire se laver la figure et les mains, peigner et arranger ses cheveux, et se nettoyer les dents avec une petite brosse.

Elle doit ensuite souhaiter le *bonjour* à ses parents en les embrassant. De même, avant de se coucher elle les embrasse en leur disant le *bonsoir* et elle a soin de cirer ses chaussures et de brosser et bien ranger ses vêtements pour les retrouver facilement le lendemain matin.

Les interrogations et les réponses aux parents doivent toujours avoir une forme très polie. La jeune fille, doit se garder de répondre par un signe de tête, comme si elle était muette, et de faire répéter les questions par les mots *hein ?* ou *quoi ?*

A table, les enfants bien élevées ne causent que si on leur adresse la parole. Elles mangent proprement, sans gourmandise et acceptent sans observations les morceaux qu'on leur sert.

Avant de boire, il faut attendre qu'il n'y ait plus d'aliments dans la bouche et s'essuyer les lèvres avec la serviette.

S'il survient une visite de parent ou d'ami, l'enfant doit s'empresser d'offrir un siège au visiteur.

A la fin du repas, il faut prendre l'habitude de plier sa serviette. Toutefois, si l'on n'est dans la maison qu'à titre d'invitée, on pose sa serviette sur la table sans la plier.

POLITESSE DANS LA RUE. — On doit saluer toutes les personnes de connaissance partout où on les voit. Au village, tout le monde se connaît et on salue tout le monde, même les étrangers.

Pour saluer, les jeunes filles inclinent la tête et le haut du corps en avant. Si on connaît intimement les personnes, on ajoute : *Bonjour* ou *bonsoir* Monsieur, Madame ou Mademoiselle.

Quand on donne une *poignée de main* à quelqu'un il ne faut pas serrer trop fort, ni secouer le bras d'une façon exagérée. Il ne faut jamais tendre la première la main à un supérieur.

Si on rencontre des personnes sur son chemin, particulièrement des dames ou des personnes âgées, il faut se déranger pour les laisser passer.

Si on est obligée de déranger une personne ou de passer devant elle, on doit dire : « *Pardon Monsieur — ou Madame* ».

Une jeune fille bien élevée ne doit pas parler à haute voix ni jouer dans la rue.

POLITESSE A L'ÉCOLE. — Nous devons témoigner à nos maîtresses le plus grand respect. Lorsqu'elles nous parlent, nous devons les écouter poliment ; si nous sommes assises, nous devons nous lever. Nos réponses doivent toujours être très polies : jamais *Oui* ou *Non*, tout court, mais *Oui Madame, Non Madame, Merci Madame*, etc.

Une élève bien élevée ne doit pas donner de *surnoms* à ses compagnes, ni employer jamais d'expressions grossières dans ses jeux.

POLITESSE DANS LA CORRESPONDANCE. — La politesse exige que nos lettres soient écrites soigneusement et proprement.

Toute lettre commence par la date; ensuite on met en vedette, sur une ligne isolée: Mes chers parents, Monsieur, etc., puis, quatre ou cinq lignes plus bas, le corps de la lettre. On doit toujours laisser une marge.

La formule de politesse qui termine la lettre doit varier suivant la personne à laquelle on écrit.

A des parents, on écrit : Je vous embrasse bien affectueusement. A une amie : Je vous serre affectueusement la main. A un supérieur : Veuillez agréer, Monsieur, l'hommage de mon profond respect.

Enfin on signe *lisiblement*.

L'*adresse* doit commencer vers le milieu de l'enveloppe et non en haut.

EXEMPLE :

```
                                          ┌──────┐
                                          │TIMBRE│
                                          └──────┘

        Monsieur Richard
              NÉGOCIANT
       6, Rue de la République, 6
            à NEUFCHATEL
             Seine-Intérieure
```

NOTA. — Voir l'édition spéciale aux Écoles de Garçons.

(Même Librairie).

INSTRUCTION CIVIQUE

Octobre

PROGRAMME : I. Avant 1789. — Le pouvoir absolu. — II. Les principes de 1789. — Les devoirs de la femme. — III. Le citoyen français. — IV. Les devoirs du citoyen. — V. Déclaration des Droits de l'Homme.

— La France avant 1789. — Le pouvoir absolu.

1. — Avant 1789, la France était une monarchie *absolue*. Le roi était tout, sa volonté était la loi.

2. — La *liberté* des *sujets* n'était pas garantie. Ils pouvaient être emprisonnés de par le bon plaisir du souverain ; ils ne pouvaient pratiquer la religion de leur choix ni exercer un métier à leur convenance.

3. — L'*égalité* entre les sujets n'existait pas : tandis que la noblesse et le clergé jouissaient de tous les privilèges, le reste de la nation, la bourgeoisie et le peuple, supportaient toutes les charges ; ils étaient « taillables et corvéables à merci. » Il y avait même encore des *serfs* ou *esclaves*.

II. — La France aujourd'hui. — Les principes de 1789. Les droits du citoyen.

1. — La Révolution de 1789 a transformé complètement l'état politique et social de la France, elle a mis fin aux abus de l'ancien régime et a rendus libres l'homme, la terre, le travail, la presse et la conscience.

2. — En proclamant (art. III de la Déclaration) que le *principe de toute souveraineté réside dans la Nation* (art. VI), que la loi est l'expression de la volonté générale (art. XIV), que le droit de consentir l'impôt et d'en surveiller l'emploi appartient à tous les citoyens, elle *abolit le pouvoir absolu*.

3. — Elle établit l'*égalité* de tous les citoyens devant la loi (art. I et art. VI) et garantit la *liberté individuelle* (art. VII, VIII et IX), la *liberté du travail* et la *jouissance de la propriété* (art. XVII), la *liberté de conscience*, la liberté *politique*, celle de la *parole* et de la *presse* (art. X et XI).

4. — Ces principes sont aujourd'hui la base de notre droit public.

III. — Le Citoyen français.

1. — Avant 1789, il n'y avait en France que des **sujets**, la **Révolution** en a fait des **Citoyens**.

2. — Le citoyen français est celui qui jouit de ses droits civils et politiques. Pour jouir de ses droits il faut avoir au moins 21 ans, être *né* ou *naturalisé* Français et n'avoir subi aucune peine *afflictive* ou infamante.

3. — Le Français naturalisé à l'étranger, celui qui, sans l'autorisation du gouvernement, prend du service militaire ou accepte des fonctions publiques sous un gouvernement étranger, perdent la qualité de Français.

4. — La femme française qui épouse un étranger cesse d'être Française ; l'étrangère devient Française, si elle épouse un Français.

IV. — Les Devoirs de la femme.

(*Voir page 18, apprendre de nouveau cette leçon*).

V. — Déclaration des Droits de l'Homme et du Citoyen.

Décrétés par l'Assemblée Nationale (26 Août 1789).

Cette célèbre et solennelle Déclaration qui est comme la préface de la Constitution de 1789 contient dix-sept articles.
Voici les principaux de ces articles :

ART. I. — Les hommes naissent et demeurent libres et *égaux en droits*; les distinctions sociales ne peuvent être fondées que sur l'utilité commune.

ART. II. — Les *droits* naturels et imprescriptibles de l'homme sont : la *liberté*, la *propriété*, la *sûreté* et la *résistance à l'oppression*.

ART. III. — Le principe de toute souveraineté réside essentiellement dans la nation ; nul corps, nul individu ne peut exercer d'autorité qui n'en émane expressément.

ART. IV. — La liberté consiste à faire tout ce qui ne nuit pas à autrui. Ainsi, l'exercice des droits naturels de chaque homme n'a de bornes que celles qui assurent aux autres membres de la société la jouissance de ces mêmes droits ; ces bornes ne peuvent être déterminées que par la loi.

Art. V. — La loi n'a le droit de défendre que les actions nuisibles à la société. Tout ce qui n'est pas défendu par la loi ne peut être empêché et nul ne peut être contraint à faire ce qu'elle n'ordonne pas.

Art. VI. — La loi est l'expression de la volonté générale ; tous les citoyens ont droit de concourir personnellement ou par leurs représentants à sa formation ; elle doit être la même pour tous, soit qu'elle protège, soit qu'elle punisse. Tous les citoyens étant égaux à ses yeux, sont également admissibles à toutes dignités, places et emplois publics, selon leur capacité et sans autres distinctions que celles de leurs vertus et de leurs talents.

Art. VII et VIII. — Nul homme ne peut être accusé, arrêté ni détenu que dans les cas déterminés par la loi, et selon les formes qu'elle a prescrites.... Nul ne peut être puni qu'en vertu d'une loi établie et promulguée antérieurement au délit et légalement appliquée.

Art. IX. — Tout homme étant présumé innocent jusqu'à ce qu'il ait été déclaré coupable, s'il est jugé indispensable de l'arrêter, toute rigueur qui ne serait pas nécessaire pour s'assurer de sa personne doit être sévèrement réprimée par la loi.

Art. X. — Nul ne doit être inquiété pour ses opinions, mêmes religieuses, pourvu que leur manifestation ne trouble pas l'ordre public établi par la loi.

Art. XI. — La libre communication des pensées et des opinions est un des droits les plus précieux de l'homme ; tout citoyen peut donc parler, écrire, imprimer librement, sauf à répondre de l'abus de cette liberté dans les cas déterminés par la loi.

Art. XIV. — Les citoyens ont le droit de constater par eux-mêmes ou par leurs représentants la nécessité de la contribution publique, de la consentir librement, d'en suivre l'emploi, et d'en déterminer la quotité, l'assiette, le recouvrement et la durée.

Art. XVII. — La propriété étant un droit inviolable et sacré, nul ne peut en être privé, si ce n'est lorsque la nécessité publique, légalement constatée, l'exige évidemment, et sous la condition d'une juste et préalable indemnité.

(*Voir, page 3, la Déclaration des Droits de l'Homme de 1793*).

Novembre

PROGRAMME : I. Exercice de la Souveraineté nationale. — Le Suffrage universel. — II. Légitimité et limites de la Souveraineté nationale. — III. La République. — IV. Obligations et droits des citoyens qui détiennent des fonctions publiques.

I. — Exercice de la souveraineté nationale. — Le suffrage universel.

1. — Le peuple n'exerce pas directement sa souveraineté. Il *délègue pour un temps ses pouvoirs* à des mandataires chargés, les uns d'élaborer et de voter les lois (Députés, Sénateurs) ; les autres, de gérer les intérêts du département, de l'arrondissement ou de la commune (Conseillers généraux, Conseillers d'arrondissement, Conseillers municipaux).

2. — Depuis 1848, tous les Français âgés de 21 ans et jouissant de leurs droits civils et politiques (v. p. 45) sont électeurs. C'est ce qu'on appelle le suffrage universel.

3. — Les militaires en activité de service, bien qu'inscrits sur la **liste électorale**, ne votent pas. Il convient de remarquer aussi que les **sénateurs** sont élus par le **suffrage à deux degrés**, c'est-à-dire nommés par des délégués désignés eux-mêmes par le suffrage universel.

4. — Sont *éligibles* les *électeurs* âgés de 25 ans au moins, sauf pour le Sénat dont les membres doivent être âgés de plus de 40 ans. Jusqu'à présent les femmes ne sont ni électeurs, ni éligibles.

5. — Le vote est *secret*, il a lieu dans un édifice public et le dépouillement du scrutin se fait en présence des électeurs.

II. — Légitimité et limites de la souveraineté nationale.

1. — Tout Français étant tenu de participer aux charges de l'Etat par le service militaire et par l'impôt, il est *juste* que tous participent au choix de ceux qui sont appelés à régler les dépenses de l'Etat et à décider de la paix ou de la guerre.

2. — La *souveraineté nationale est légitime* mais elle n'est *pas sans limites*. Elle ne peut exiger que ce qui sert l'intérêt général ou l'ordre public et ne saurait porter atteinte aux *droits naturels* de l'homme.

3. — Le peuple souverain ne peut conférer à ses représentants un pouvoir oppressif et contraire, notamment, à la *liberté individuelle*, à la *liberté de conscience*, au *droit de propriété* et à *l'inviolabilité du domicile*.

« La loi doit protéger la liberté publique et individuelle contre l'oppression de ceux qui gouvernent. (Déclaration de 1791-93, art. 9).

III. — La République.

1. — La *République* est aujourd'hui le Gouvernement de la France ; c'est la forme du gouvernement la plus *juste*, la seule qui permette l'exercice de la souveraineté nationale dans sa plénitude.

2. — Dans une *République*, le pouvoir peut toujours être *confié au plus digne* : il suffit pour cela de la volonté des citoyens ; c'est en quoi ce régime diffère essentiellement de la monarchie où le pouvoir, exercé par un maître, se transmet à ses héritiers fussent-ils indignes ou incapables.

3. — Mais, par cela même que les citoyens d'une République sont appelés à choisir ceux qui président à leurs destinées, il importe plus que dans une monarchie que chaque citoyen soit éclairé, honnête, *pénétré de ses devoirs* et de sa *responsabilité*.

4. — C'est pourquoi Montesquieu a dit : « La République est le gouvernement de la vertu ».

IV. — Obligations et droits des citoyens qui détiennent des fonctions publiques.

1. — L'homme qui exerce une part de l'autorité publique a des devoirs particuliers ; il ne doit jamais oublier que toute fonction est établie, non dans l'intérêt de celui qui en est investi, mais dans l'intérêt de la communauté.

« Les fonctions publiques sont essentiellement temporaires ; elles ne peuvent être considérées comme des distinctions, ni comme des récompenses, mais comme des devoirs. » Déclaration de 1791-93, art. 30. (v. p. 3).

2. — Il ne faut donc accepter un emploi et, à plus forte raison, le solliciter, que si l'on a l'aptitude nécessaire pour l'occuper, la volonté d'en remplir toutes les obligations et de servir ainsi la société.

3. — Mais, par contre, en échange de la peine qu'il se donne, le plus modeste fonctionnaire, qui remplit son devoir, a droit aux égards des citoyens.

4. — Celui qui exerce des fonctions publiques n'est pas le serviteur de chacun, comme certains semblent le croire, il est le serviteur de tous, dans les conditions prévues par des règlements. Il a le droit et même le devoir de le rappeler aux personnes qui, par leurs exigences, seraient disposées à abuser de son temps ou à froisser sa dignité.

SUJETS DE RÉDACTION

I. — Que faut-il entendre par Loi constitutionnelle ou Constitution. — Comparez la Monarchie absolue, la Monarchie constitutionnelle et la République ; indiquez les avantages et les inconvénients de ces divers gouvernements et justifiez cette pensée de Montesquieu : « La République est le gouvernement de la vertu. »

II. — Qu'était-ce que les « Lettres de Cachet. » — Citez quelques victimes des lettres de Cachet. — Donnez votre appréciation à ce sujet et citez les articles de la Déclaration des Droits de l'Homme qui nous garantissent de ces actes arbitraires.

Décembre

PROGRAMME : I. La Commune. — Le Conseil municipal. — II. Le Maire. — Les Adjoints. — III. Le Canton. — L'Arrondissement. — Sous-Préfet. — Conseil d'arrondissement. — IV. Le Département. — Le Préfet et le Secrétaire Général. — Le Conseil de Préfecture.

I. — La Commune. — Le Conseil municipal.

1. — Une *commune*, la plus petite des divisions administratives, est une *personne civile*. Elle a des propriétés, des ressources propres ; elle peut acquérir, vendre, emprunter, construire et, s'il y a lieu, plaider en justice. Suivant son importance, la Commune forme un village, un bourg ou une ville.

2. — Les intérêts communaux sont gérés par le *Conseil municipal*, composé de 10 à 36 membres, suivant l'importance de la population.

3. — Le Conseil municipal est élu pour 4 ans au scrutin de liste ; il nomme le Maire et les Adjoints, discute et vote le budget communal et, en cas d'élections sénatoriales, élit des délégués sénatoriaux.

II. — Le Maire. — Les Adjoints.

1. — *Le Maire*, premier magistrat de la commune et son représentant, est en même temps *l'agent du pouvoir central*. Il est aidé par un ou plusieurs adjoints qui le remplacent en cas d'empêchement et qu'il peut déléguer à tel ou tel service spécial d'une façon permanente.

2. — Les attributions du Maire sont nombreuses : sous l'autorité du Préfet il veille à l'exécution des lois et règlements ; il propose le budget et ordonnance les dépenses.

3. — **Président du Conseil municipal**, le Maire en fait exécuter les délibérations, il nomme à certains emplois rétribués sur les fonds communaux ; il prend des arrêtés sur les objets confiés à son administration et représente la commune dans les affaires où elle est intéressée.

4. — Comme *chef de la police municipale* il est chargé du maintien de l'ordre public ; comme *officier de l'état civil* il procède à la célébration des mariages, transcrit les jugements de *divorce* et reçoit les déclarations de naissances et de décès. Ces actes sont inscrits aux *registres de l'état civil*.

III. — Le canton. — L'arrondissement. — Sous-Préfet. — Conseil d'arrondissement.

1. — Le *canton*, réunion de plusieurs communes, n'est guère qu'une division administrative ; il n'a ni ressources propres, ni budget.

2. — Le chef-lieu de canton est la résidence du *juge de paix* et le siège de la *délégation cantonale*. On y procède aux opérations du recrutement.

3. — Plusieurs cantons réunis forment un arrondissement. Comme le canton, l'*arrondissement* constitue une circonscription administrative sans *personnalité civile*.
Il est administré par un *Sous-Préfet* qui sert d'intermédiaire entre le Préfet et les Maires, instruit les affaires administratives des communes et préside les opérations du tirage au sort.

4. — Le Sous-Préfet est assisté d'un *conseil d'arrondissement* dont les attributions sont restreintes.

IV. — Le Département. — Le Préfet. — Le Conseil de Préfecture.

1. — Le *département*, réunion de plusieurs arrondissements, est une division territoriale administrée par un *préfet*.
C'est une *personne civile*, comme la Commune ; il dispose d'une partie des impôts et peut vendre, acheter, plaider, etc.

2. — Le *Préfet* est à la fois l'*agent du gouvernement*, le *représentant du département* et le *tuteur des communes*. Un *secrétaire général* le remplace en cas d'absence.

3. — Comme *agent du gouvernement*, le Préfet veille à l'exécution des lois ; il nomme à certains emplois, prend des arrêtés sur les matières de son administration, etc.

4. — *Administrateur du département*, il fait exécuter les délibérations du Conseil général, il prépare le budget départemental.

5. — Comme *tuteur des communes*, il approuve leurs budgets, contrôle les dépenses, examine les projets d'acquisitions, de ventes, de constructions, etc.

6. — A côté du Préfet, siège le **Conseil de Préfecture** tribunal administratif chargé d'examiner les comptes des communes, de statuer sur les réclamations relatives aux élections municipales, etc. (V. Tribunaux spéciaux, p. 60).

Janvier

PROGRAMME : I. Le Conseil général. — Commission départementale. — II. L'État. — Les Pouvoirs publics. — La Constitution. — III. Le Pouvoir législatif. — Sénat. — Chambre des Députés. — Attributions du Sénat et de la Chambre des Députés.

I. — Le Conseil général. — La Commission départementale.

1. — Le *Conseil général*, est un corps élu qui représente les intérêts particuliers du département. Il se compose d'autant de membres que le département a de cantons. Il guide et contrôle le Préfet.

2. — Le Conseil général a des attributions fort étendues :
Il **vote le budget départemental** et les centimes additionnels dans les limites autorisées par la loi.
Il répartit entre les arrondissements les contributions directes votées par le Parlement.
Il statue définitivement sur l'aliénation, l'acquisition ou l'échange des propriétés départementales autres que celles qui sont réservées aux services publics.
Il **donne son avis** sur toutes les questions intéressant à la fois le Département et l'État.
Il émet des vœux sur toutes les questions économiques et d'administration générale ; les vœux politiques seuls lui sont interdits.

3. — Au cas où les **Chambres** seraient **illégalement dissoutes** ou empêchées de se réunir, les Conseils généraux délégueraient chacun deux de leurs membres pour former une assemblée **chargée provisoirement** de maintenir l'ordre, d'assurer le respect de la Constitution et d'administrer le pays.

4. — Les *Conseillers généraux* sont élus pour 6 ans et renouvelés par moitié tous les trois ans. Ils doivent être âgés de 25 ans au moins et domiciliés dans le département ou y payer l'impôt. Ils sont de droit électeurs sénatoriaux. Leurs fonctions sont gratuites.

5. — Le Conseil général se réunit au moins deux fois par an en session ordinaire, il nomme lui-même son bureau. Ses séances sont publiques.

6. — Dans l'intervalle des sessions, et pour prendre les décisions urgentes, le Conseil général choisit dans son sein une commission de 4 à 7 membres, appelée *Commission départementale*, qui se réunit tous les mois.

II. — L'Etat. — Les Pouvoirs publics. — La Constitution.

1. — *L'Etat*, dans le sens large du mot, c'est la nation tout entière ; plus communément on désigne sous ce nom la *nation organisée*, c'est-à-dire l'ensemble des pouvoirs qui exercent l'autorité publique.

2. — Ces pouvoirs sont au nombre de trois.
1° *Le pouvoir législatif*, chargé de discuter et de voter les lois.
2° *Le pouvoir exécutif*, qui les promulgue et les fait exécuter.
3° *Le pouvoir judiciaire*, qui en punit la violation.

3. — Ces pouvoirs sont *distincts* les uns des autres et, en vertu du *principe de la séparation des pouvoirs*, ils ne peuvent être réunis dans les mêmes mains.

4. — La *Constitution* est la loi fondamentale de l'Etat. Elle détermine la forme du gouvernement, organise les pouvoirs publics et règle leurs rapports entre eux et la Nation.

5. — La France est actuellement régie par la *Constitution de 1875* qui établit la *République*. Aux termes de cette constitution, le *pouvoir législatif* est confié à deux assemblées : le *Sénat et la Chambre des Députés* ; le pouvoir *exécutif*, au *Président de la République* et aux *Ministres* nommés par lui.

III. — Le Pouvoir législatif. — Sénat. — Chambre des Députés.

1. — Le *Sénat* se compose de 300 membres élus au *scrutin de liste* et au *suffrage à deux degrés* par un collège électoral composé :
1° Des députés, conseillers généraux et conseillers d'arrondissement du département.
2° De délégués sénatoriaux élus par les conseils municipaux (au nombre de 1 à 24 par commune, suivant son importance).
Nul ne peut être sénateur s'il n'est électeur et âgé de 40 ans.

2. — L'élection des sénateurs a lieu au chef-lieu du département, sous la présidence du Président du Tribunal civil. Les sénateurs sont élus pour 9 ans et se renouvellent par tiers tous les trois ans.

3. — La *Chambre des Députés* compte environ 600 membres (1); il y a un député par arrondissement. Si l'arrondissement a plus de 100,000 habitants il élit deux députés; il en élit 3 s'il a plus de 200,000 habitants et ainsi de suite.

4. — Les députés sont élus pour 4 ans au scrutin individuel et par le suffrage universel; ils sont renouvelables intégralement.

5. — Nul ne peut être député s'il ne jouit de ses droits civils et politiques et s'il n'est âgé d'au moins 25 ans.

IV. — Attributions du Sénat et de la Chambre des Députés.

1. — Le Sénat et la Chambre des Députés siègent séparément et constituent le *Parlement*. Ces deux assemblées ont beaucoup d'attributions communes.

Chacune d'elles a l'*initiative des lois*, qui appartient aussi au Gouvernement.

Leurs présidents ont le droit de requérir la force publique pour assurer la sûreté de l'Assemblée qu'ils président; députés et sénateurs sont *inviolables*.

Réunies elles prennent le nom de *Congrès* ou d'*Assemblée nationale*. L'Assemblée nationale siège à Versailles, elle nomme le Président de la République et peut réviser la Constitution.

2. — Chaque assemblée a aussi des attributions spéciales.

Le Sénat peut autoriser le Président de la République à **dissoudre la Chambre des Députés**;

Il peut se constituer en **Haute cour de justice** pour juger le Président de la République ou les Ministres s'ils étaient **accusés de haute trahison** et les personnes accusées d'attentat contre la **sûreté de l'Etat**.

3. — De son côté, la Chambre des Députés est la première à examiner et à **voter le budget**, et toutes les lois de finances. Seule, elle peut mettre en accusation le Président de la République et les Ministres; enfin, plus spécialement que le Sénat, elle peut renverser le ministère qui n'a pas sa confiance.

4. — Le Parlement se réunit de plein droit le second mardi de janvier en session ordinaire de cinq mois et en session extraordinaire sur la convocation du Président de la République.

---

(1) 591 pour la période 1902-1906.

Février

PROGRAMME : I. La loi. — Confection d'une loi. — II. Le Pouvoir exécutif. — Le Président de la République. — III. Les Ministres. — IV. Pouvoir Judiciaire. — Organisation. — Justice de Paix.

I. — La loi. — Confection d'une loi.

1. — La *loi* est un ensemble de prescriptions établies par les représentants du pays pour fixer les droits de l'Etat et les obligations des citoyens. L'ensemble des lois forme le *Code*.

Le but des lois est d'assurer aux citoyens la sécurité et la paix et de faire régner dans la société l'ordre et la justice.

2. — L'initiative d'une loi peut venir du Gouvernement, qui soumet aux Chambres un **projet de loi** ; l'initiative peut être prise aussi par les membres du Parlement, c'est alors une **proposition de loi**. Projets et propositions de loi, préalablement à toute discussion, sont soumis dans chaque Chambre à l'examen de la **commission d'initiative**.

3. — Les **propositions de loi émanant de la Chambre des Députés** et les **projets de loi** du Gouvernement sont discutés à deux reprises (première et seconde lecture), à la Chambre des Députés, puis transmis au Sénat qui en fait également l'objet de deux discussions. Les propositions de loi **dues à l'initiative du Sénat** suivent une marche inverse, elles sont discutées par le Sénat d'abord, par la Chambre des Députés ensuite.

La déclaration d'**urgence** équivaut à la suppression de la seconde lecture.

4. — Si le texte de loi voté par une Chambre est modifié par l'autre, il est renvoyé de nouveau à l'Assemblée qui l'a voté tout d'abord et la loi n'est *adoptée* que lorsque les deux assemblées se sont mises d'accord.

5. — Elle est ensuite *promulguée* par le Président de la République, puis *publiée* au *Journal Officiel* et devient dès lors *exécutoire*.

II. — Le Pouvoir exécutif. — Le Président de la République.

1. — Le *Président de la République, chef du pouvoir exécutif*, est le premier magistrat du pays.

2. — Il est élu pour sept ans, à la majorité des suffrages, par le Sénat et la Chambre des Députés réunis en Assemblée Nationale ou *congrès* ; il est rééligible.

3. — Le Président de la République n'est **responsable** que dans le cas de **haute trahison**. Chacun de ses actes doit être contresigné par l'un des ministres.

4. — Le Président de la République *promulgue* les lois et en assure l'exécution, il choisit les ministres et nomme directement ou indirectement à tous les emplois. Il convoque les Chambres, clôt leurs sessions et peut communiquer avec elles par des *messages*.

5. — Il dispose de la force armée, mais il ne peut déclarer la guerre qu'avec l'assentiment des Chambres.

6. — Le droit de grâce est une de ses prérogatives, toutefois les amnisties ne peuvent être accordées que par une loi.

7. — Enfin, comme *représentant du pays*, il préside aux solennités nationales, reçoit les souverains et les ambassadeurs et signe, avec les autres nations, les traités qui sont ensuite soumis à la ratification du Parlement et ne sont valables qu'après cette ratification.

III. — **Les Ministres.**

1. — Les *Ministres*, nommés par le Président de la République et généralement choisis parmi les membres du Parlement, forment un *Conseil* ou *Cabinet* sous la présidence de l'homme politique qui a été chargé de constituer le ministère. Le Président de la République préside souvent le Conseil des Ministres.

2. — Les Ministres **préparent le budget et les projets de loi** ; ils sont chargés du **gouvernement** et de l'**administration du pays** sous le contrôle des Chambres. Solidairement **responsables** de la politique générale du Gouvernement, ils le sont aussi individuellement de leurs actes personnels.

3. — Les Ministres prennent part à la discussion des lois ; ils sont tenus de répondre aux **questions** et aux **interpellations** qui leur sont adressées par les membres du Parlement, et, si la Chambre des Députés désapprouve leur conduite par un **vote de défiance**, ils sont dans l'obligation de se retirer. Ils peuvent même être mis en accusation par la Chambre des Députés et jugés par le Sénat.

4. — Chaque ministre dirige le *service ou département* qui lui est confié et règle lui-même par des *arrêtés* ou propose au Président de la République de régler par des *décrets* les détails d'administration que la loi n'a pas prévus.

Tout décret doit être contresigné par un ou plusieurs ministres (1).

IV. — Pouvoir judiciaire. — Organisation. — Justice de paix.

(Ministère de la Justice) (2)

1. — Le *pouvoir judiciaire* est exercé par les *Tribunaux* qui jugent tantôt *au civil* (contestations d'intérêts entre les particuliers) tantôt *au criminel* (contraventions, délits). Les crimes sont jugés par un tribunal spécial, la *cour d'assises*, qui n'a à connaître que d'affaires criminelles.

2. — Chaque tribunal est composé de deux sortes de magistrats : 1° Les juges ou conseillers qui rendent les jugements : c'est la **magistrature assise** dont les membres sont **inamovibles** ; 2° Le **ministère public** composé de magistrats chargés de requérir l'application de la loi : c'est la **magistrature debout** dont les membres sont **révocables**.

3. — Au premier degré de la juridiction est placé le *juge de paix* qui siège au chef-lieu de canton. Il a pour mission, au civil, de *concilier* les personnes en désaccord. En cas d'insuccès, il juge en *dernier ressort* si la somme en litige ne dépasse pas 100 francs. Au-dessus de ce chiffre et jusqu'à 1,500 francs il ne juge qu'en premier ressort.

4. — En *matière pénale*, le juge de paix réprime les contraventions qui peuvent entraîner une peine de 1 à 15 francs d'amende et de 1 à 15 jours de prison : c'est le tribunal de *simple police* devant lequel le commissaire de police ou le Maire remplit les fonctions de *ministère public*.

---

(1) Il y a actuellement 11 ministères : 1° Justice, 2° Guerre, 3° Marine, 4° Instruction publique et Beaux-Arts, 5° Finances, 6° Intérieur et Cultes, 7° Affaires étrangères, 8° Agriculture, 9° Travaux publics, 10° Commerce, Industrie, Postes et Télégraphes, 11° Colonies.

(2) L'Administration des Cultes est rattachée à l'un des autres ministères. Le ministre des Cultes veille à l'exécution du Concordat : il propose à la nomination du Président de la République, les archevêques et les évêques.

Mars

PROGRAMME : I. Tribunal de première instance. — Cour d'appel. — II. La Cour d'assises. — La Cour de cassation. — III. Tribunaux spéciaux et tribunaux administratifs. — IV. La Force publique. — L'Armée.

I. — Tribunal de première instance. — Cour d'appel.

1. — Les *tribunaux de première instance* sont établis au chef-lieu de l'arrondissement. Chaque tribunal se compose de trois juges au moins, dont l'un est président.

2. — *Au civil*, il juge en dernier ressort jusqu'à 1,500 francs et, en premier ressort, au-dessus de ce chiffre ; il peut, comme *tribunal d'appel*, réformer les jugements rendus en premier ressort par les juges de paix.

Au criminel, il prend le nom de *tribunal correctionnel* et juge les délits qui entraînent une amende de 16 à 2,000 francs ou un emprisonnement de 6 jours à 5 ans.

3. — Le ministère public, devant le tribunal correctionnel, est représenté par le *Procureur de la République* ou son *substitut*. L'instruction préalable des affaires est confiée au *Juge d'instruction*.

4. — Les cours d'appel au nombre de 26, sont chargées de juger les appels des jugements rendus par les tribunaux de *première instance et de commerce* et de statuer sur les ordonnances *de non lieu* ou de *renvoi* des juges d'instruction.

5. — Chaque cour se compose de 3 chambres au moins : la **chambre civile**, celle des **appels correctionnels** et la chambre des **mises en accusation**.

6. — Le *Procureur général*, chef hiérarchique des Procureurs de la République, et les *Avocats généraux*, remplissent auprès de la Cour d'appel les fonctions de Ministère public.

II. — La Cour d'assises. — La Cour de cassation.

1. — La *cour d'assises* est un tribunal *temporaire* chargé de juger les crimes et certains délits politiques ou de presse. Elle se réunit tous les 3 mois au chef-lieu de département et se compose :

1° De *la cour*, c'est-à-dire de trois magistrats dont l'un au moins est conseiller de cour d'appel.

2° Des jurés, tirés au sort sur une liste de citoyens honorables, âgés de 30 ans au moins ; c'est le jury qui, après les plaidoiries, prononce par *oui* ou par *non* si l'accusé est coupable ou innocent. La cour statue ensuite sur l'application de la loi, ou met l'accusé en liberté.

3. — Dans les départements sièges de Cour d'appel, le ministère public est occupé par le Procureur ou l'Avocat général ; dans les autres départements par le Procureur de la République ou son substitut.

4. — La *cour de cassation*, établie à Paris, peut *casser*, c'est-à-dire annuler les jugements rendus tant *au civil* qu'au *criminel*, par les divers tribunaux, y compris la Cour d'assises et les tribunaux de commerce, quand certaines formalités ont été omises ou quand la loi a été violée.

5. — Elle ne se prononce pas sur le **fonds des affaires**, son rôle se borne à réformer le jugement et, s'il y a lieu, à **renvoyer la cause** devant un tribunal autre que celui qui avait d'abord prononcé.

III. — Tribunaux spéciaux et tribunaux administratifs.

En dehors des tribunaux civils et criminels sont constitués des *tribunaux spéciaux* et des *tribunaux administratifs*, savoir:

1. — Les *tribunaux de commerce* chargés de juger en *dernier ressort* jusqu'à 1,500 francs, et, au-dessus de ce chiffre, en *premier ressort*, les contestations entre commerçants. Les membres de ces tribunaux sont nommés à l'élection.

2. — Les *conseils de prud'hommes* qui *concilient* ou *jugent* les différends entre *patrons et ouvriers*.

3. — Les **conseils de guerre** qui jugent les crimes et les délits des **militaires et des marins**. Ils se composent de 7 membres ; leurs jugements peuvent être annulés par les Conseils permanents de révision.

4. Les différends qui surgissent entre les **particuliers et l'Administration** sont jugés par les **Conseils de Préfecture** ou le **Conseil d'État**. Le Conseil d'État remplit le rôle de Cour d'appel par rapport aux Conseils de Préfecture.

IV. — La Force publique. — L'Armée.

(Ministère de la guerre)

1. — La *gendarmerie* et la *police* (1) maintiennent l'ordre à l'intérieur, l'*armée* assure la défense du pays ; armée, police et gendarmerie constituent la *force publique*.

2. — Les *commissaires* et les *agents de police* dans les villes, les *gardes-champêtres* dans les campagnes sont chargés de la *police locale* ; les gendarmes, anciens militaires, choisis parmi les plus honorables, ont plus spécialement pour mission de poursuivre les criminels et de sauvegarder la sécurité des routes.

3. — L'*armée* se compose de tous les citoyens *valides* de 20 à 45 ans, à l'exception des individus condamnés à une peine infamante qui, comme indignes, ne sont pas admis à l'honneur de servir la patrie. Le *tirage au sort* désigne les

---

(1) La police est rattachée au Ministère de l'Intérieur tandis que la gendarmerie est sous la direction du Ministre de la Guerre.

hommes qui feront partie des troupes coloniales ou de l'armée de mer.

4. — Tout Français appelé sous les drapeaux y reste — sauf certaines catégories de dispensés — pendant 3 ans (1) comme soldat de l'*armée active* ; puis il rentre dans ses foyers, mais il fait encore partie de la *réserve de l'armée active* pendant 10 ans ensuite de l'*armée territoriale* pendant 6 ans, enfin de la *réserve territoriale* encore pendant 6 ans : au total 25 ans.

5. — Les hommes de la **réserve de l'armée active** sont astreints en temps de paix à **deux périodes d'instruction de 28 jours** ; ceux de l'**armée territoriale** à une **période de 13 jours**. En cas de guerre, l'armée active et sa réserve entreraient immédiatement en campagne.

SUJETS DE RÉDACTION

I. — Faites voir que les administrations de la commune, de l'arrondissement et du département sont calquées sur celle de l'État. — Indiquez pour chacune de ces divisions administratives à qui est confié le pouvoir exécutif et le pouvoir législatif.

II. — Expliquez à votre jeune frère comment se font les lois.

III. — Indiquez les différents degrés de juridiction pour les affaires civiles et dites ce qu'on vous a appris à ce sujet.

IV. — Que savez-vous des gendarmes ? A quoi servent-ils ? — Avez-vous peur des gendarmes quand vous les rencontrez ? — Quels sont ceux qui doivent avoir peur des gendarmes ?

---

(1) Une loi, réduisant le service actif à 2 ans et supprimant les dispenses, est en ce moment en discussion.

Avril

PROGRAMME : I. L'Armée de terre et l'Armée de mer. — II. L'enseignement. — III. Autorités et Conseils universitaires: — IV. L'impôt. — Le budget.

I. — L'armée de terre et l'armée de mer.

(Ministères de la Guerre et de la Marine).

1. — *L'armée de terre* comprend 19 corps d'armée. Chaque corps a des troupes de *toutes armes* : (infanterie, cavalerie, artillerie, génie, train des équipages) ; et des services auxiliaires (intendance, corps de santé militaire).

2. — Un corps d'armée forme deux divisions commandées chacune par un général de division ; la division forme deux brigades sous les ordres de deux généraux de brigade ; il y a un colonel à la tête de chacun des deux régiments qui composent la brigade, enfin le régiment à son tour se divise en bataillons et le bataillon en compagnies que commandent des chefs de bataillon et des capitaines.

3. — Les **Ecoles militaires** : école polytechnique, de Saint-Cyr, d'application de Fontainebleau ; les écoles de Saint-Maixent (infanterie), de Saumur (cavalerie), de Versailles et de Vincennes (artillerie) préparent les officiers.
Au-dessus, l'**Ecole supérieure de guerre** a pour objet d'étendre les connaissances militaires des officiers d'élite.

4. — *L'armée de mer*, chargée de la défense des côtes et des colonies, se recrute par l'inscription maritime et les engagements volontaires ; on y incorpore en outre les conscrits qui, au tirage au sort, ont amené les plus bas numéros. Elle se compose : 1° *Des équipages de la flotte* ; 2° *De l'infanterie et de l'artillerie de marine*.

5. — La **flotte** comprend environ 400 navires de guerre (cuirassés, croiseurs, torpilleurs, etc.), elle est divisée en **escadres**, commandées chacune par un contre-amiral ou un vice-amiral.
C'est également un vice-amiral (préfet maritime) qui commande chacune des **préfectures maritimes** : Cherbourg, Brest, Lorient, Rochefort, et Toulon.

6. — L'**école navale de Brest**, établie à bord du Borda, prépare les officiers de marine. — L'**école supérieure de la flotte** est à Toulon.

II. — L'Enseignement.

(Ministère de l'Instruction publique) (1).

1. — *L'enseignement* en France comprend trois degrés: *primaire, secondaire, supérieur*. Il est donné dans les établissements *publics*, c'est-à-dire entretenus par l'Etat ou *privés* c'est-à-dire par des particuliers ou des associations.

2. — *L'enseignement primaire public* se donne dans les écoles maternelles, dans les écoles primaires élémentaires et primaires supérieures. Il est *gratuit, obligatoire et laïque*

3. — Dans chaque département, une **école normale d'instituteurs et une école normale d'institutrices** préparent les maîtres et maîtresses des écoles primaires. **Deux écoles normales primaires supérieures** établies à St-Cloud (hommes) et à Fontenay (femmes), préparent les Directeurs et Directrices et les professeurs d'écoles primaires supérieures et d'écoles normales.

4. — *L'enseignement secondaire* est donné dans les lycées et collèges par des professeurs formés à *l'école normale supérieure de Paris* pour les lycées de garçons et à *l'école normale supérieure de Sèvres* pour les lycées de jeunes filles.

L'enseignement supérieur se donne dans les *Universités* (réunion des Facultés qui constituent des *personnes civiles* représentées par le *Conseil de l'Université*), et dans les établissements d'enseignement supérieur: Collège de France, Muséum d'Histoire naturelle, Ecoles françaises d'Athènes, de Rome et du Caire, Ecole pratique des Hautes Etudes, Ecole des Langues orientales vivantes, Ecole des Chartes, etc.

6. — **Des bourses** accordées par l'Etat, les départements et les communes permettent aux enfants pauvres qui se distinguent par leur travail et leur intelligence de fréquenter les établissements d'enseignement primaire supérieur, secondaire et supérieur.

7. — Les dépenses du budget de l'Instruction publique s'élèvent environ à 200 millions, dont plus de 100 millions pour l'instruction primaire. A l'époque de la Restauration le budget de l'instruction primaire atteignait à peine 50,000 francs!

---

(1) Le Ministère de l'Instruction publique a dans ses attributions les Beaux-Arts (bâtiments civils, palais nationaux, monuments historiques, musées, théâtres, Conservatoire et Ecole des Beaux-Arts).

III. — Autorités et Conseils universitaires.

1. — La France est divisée, au point de vue universitaire, en 16 *académies*, administrées chacune par un *recteur* placé sous les ordres immédiats du Ministre de l'Instruction publique *grand maître de l'Université*.

2. — Dans chaque département réside un *inspecteur d'académie* relevant du Recteur et assisté toujours d'un certain nombre d'*inspecteurs primaires* et parfois d'*inspectrices primaires* et d'*inspectrices d'écoles maternelles*.

L'Inspecteur d'Académie nomme les instituteurs *stagiaires*. Les instituteurs *titulaires* sont nommés, *sur sa proposition*, par le *Préfet*.

3. Des **inspecteurs généraux**, délégués chaque année par le ministre, sont en outre chargés d'**inspecter** dans toute la France les divers établissements d'instruction et de **contrôler** les actes de l'administration universitaire.

4. — Le *Maire*, dans chaque commune, et les *délégués cantonaux*, dans le canton, sont également investis d'une mission de *surveillance* sur les écoles *publiques* et *privées*.

5. — Dans chaque département, le **Conseil départemental** présidé par le **Préfet** ; au chef-lieu d'Académie, le **Conseil académique** et le **Conseil de l'Université** présidés par le **Recteur**, et, à Paris, le **Conseil supérieur de l'Instruction publique**, présidé par le **Ministre**, sont chargés d'élaborer ou de modifier les programmes et les règlements et de prononcer dans les questions de discipline.

6. — Enfin une *commission scolaire* est instituée dans chaque commune pour surveiller et encourager la fréquentation des écoles (Lois du 28 mars 1882 et 30 octobre 1886). Elle est composée du Maire (ou d'un adjoint) président, d'un ou de plusieurs délégués cantonaux, de membres désignés par le Conseil municipal et de l'inspecteur primaire, membre de droit de toutes les Commissions de sa circonscription. Les Commissions scolaires s'occupent spécialement de juger les infractions à la loi sur l'obligation scolaire.

IV. — L'impôt. — Le budget.

(Ministère des Finances).

1. — L'*impôt* est la somme que doit payer chaque citoyen pour subvenir aux dépenses publiques. Le tableau des sommes à percevoir et des dépenses à effectuer est soumis chaque année au Parlement par le ministre des Finances : c'est le *budget*.

2. — Le Parlement examine le budget, modifie s'il y a lieu les propositions qui lui sont faites et fixe définitivement le chiffre des recettes et des dépenses par la **Loi des finances** votée dans les mêmes formes que les lois ordinaires.

3. — Les départements et les communes ont aussi leur budget, soumis par le Préfet au vote du Conseil général, par le Maire à l'approbation du Conseil municipal.

4. — Il y a deux sortes d'impôts : les *impôts directs* et les *impôts indirects*.

5. — Les impôts directs sont payés directement aux caisses publiques : *impôt foncier, cote personnelle et mobilière, contribution des portes et fenêtres, patentes* et *taxe militaire*. On y comprend aussi les *prestations*, la taxe sur les *chevaux et voitures*, sur les *vélocipèdes*, sur les *chiens*, sur les *billards*, etc.

6. — On donne le nom d'impôts indirects aux droits qui frappent certains produits (boissons, café, sel, sucre, cartes à jouer, etc.) et certains actes soumis à l'enregistrement (baux, ventes, achats, successions) ainsi que la correspondance postale et télégraphique (1). Les droits de douane, d'octroi, le monopole de l'État sur les tabacs et les allumettes constituent également des impôts indirects.

7. — Les impôts **indirects** que l'on pourrait appeler aussi, pour la plupart, impôts **invisibles** ou impôts de **consommation**, sont d'une perception facile; mais ils ont le défaut grave de ne pas être **proportionnels** à la richesse.

---

(1) Les postes et télégraphes forment une administration spéciale relevant du Ministère du Commerce. Voir page 68.

Mai

PROGRAMME : I. Perception de l'impôt. — Paiement des dépenses. — II. Ministères : Intérieur. — Affaires étrangères. — III. Ministères *(suite)* Agriculture. — Travaux publics. — IV. Ministères *(fin)*. Commerce et Industrie, postes et télégraphes. — Colonies.

I. — Perception de l'impôt. — Paiement des dépenses.

1. — Les impôts directs sont perçus dans chaque canton par les *Percepteurs* ou, dans les villes importantes, par les *Receveurs municipaux*.

2. — Si les sommes recueillies par ces fonctionnaires ne servent pas immédiatement à *acquitter des dépenses*, elles sont versées dans la caisse du *Receveur particulier* d'arrondissement qui les transmet à son tour au *Trésorier-payeur général* au chef-lieu du département. Les fonds restant libres, après paiement des dépenses dans le département, sont, en dernière fin, transmis au ministère des Finances.

3. — Les *impôts indirects* sont recouvrés par trois administrations distinctes : 1° L'administration des *contributions indirectes* ; 2° Celle de *l'enregistrement et des domaines* ; 3° Celle des *douanes*.

4. — Ces administrations dépendent, ainsi que celle des contributions directes, du ministère des finances. Les sommes qu'elles perçoivent sont centralisées par les Receveurs particuliers des finances et les Trésoriers-payeurs généraux.

5. — Le contrôle est assuré par les Inspecteurs des Finances, les Conseils de Préfecture et la Cour des Comptes.

II. — Ministères (suite) : I. Intérieur. — II. Affaires étrangères.

1. — Le *Ministre de l'intérieur* est chargé de l'*administration intérieure* du pays et du *maintien de l'ordre*. Pour l'administration, il a sous son autorité les préfets, les sous-préfets et les maires et, pour le maintien de l'ordre, la police.

2. — C'est aussi du Ministre de l'intérieur que relèvent le *service pénitentiaire*, l'*assistance publique* et les *gouvernements généraux de l'Algérie* et de l'*Indo-Chine française*.

3. — Le *Ministre des affaires étrangères* préside à nos *relations politiques et commerciales* avec les autres nations, par l'intermédiaire des *ambassadeurs* et des *consuls*.

4. — Il *négocie* avec les autres pays des *conventions* et des *traités*, et il est chargé de la *direction des protectorats*.

III. — Ministères (suite) : I. Agriculture. — II. — Travaux publics.

1. — Le *ministère de l'agriculture* est chargé de veiller aux intérêts généraux de l'agriculture.

2. — Il *encourage* la culture nationale par l'attribution de récompenses (mérite agricole), par l'organisation des *concours régionaux*, par l'institution des *comices agricoles* et des *chambres consultatives d'agriculture*.

3. — L'Institut agronomique de Paris, les **écoles nationales d'agriculture**, les **fermes-écoles** et les **écoles vétérinaires** sont placés sous l'autorité du Ministre de l'agriculture, de qui relève aussi l'**Administration des forêts**. L'**Ecole forestière** de Nancy prépare les agents de cette administration.

4. — Le *ministère des travaux publics* a pour mission d'assurer l'entretien des *routes*, des *canaux*, des *fleuves* et des *rivières navigables*. Le *service des mines* et les *chemins de fer* dépendent également de ce ministère.

5. — Sous les ordres du Ministre des travaux publics sont placés : le personnel des ponts et chaussées (ingénieurs, conducteurs, agents-voyers), le personnel du corps des mines et de la surveillance des Chemins de fer ; enfin il a sous sa direction l'école des ponts et chaussées, celle des **ouvriers mineurs de Douai et d'Alais** ; **l'école des mines de St-Etienne et l'école supérieure des mines de Paris**.

IV. — Ministères (fin) : I. Commerce, industrie, postes et télégraphes. — II. Colonies.

1. — Le rôle du *Ministre du commerce et de l'industrie* est d'*encourager* et de *favoriser* le commerce et l'industrie du pays.
C'est lui qui négocie les *traités fixant les taxes de douanes*, lui aussi qui organise les *expositions régionales* ou universelles.

2. — A ce ministère se rattachent les écoles d'**Arts-et-métiers** (Aix. — Angers. — Châlons), les écoles **pratiques de commerce et d'industrie**, les écoles d'**apprentissage**, l'**école centrale des Arts et manufactures**, le **Conservatoire des Arts et métiers**, l'**Ecole supérieure de commerce** et l'**Ecole des Hautes Etudes commerciales**.

3. — L'administration des *postes, télégraphes et téléphones*, la *marine marchande*, l'*hygiène publique*, l'*inspection du travail dans les manufactures* sont des services placés sous l'autorité du ministère du commerce.

4. — Les divers services civils et militaires organisés dans nos colonies autres que l'Algérie, la Tunisie, l'Indo-Chine et Madagascar, relèvent du *Ministre des colonies* qui a pour mission de garantir la sécurité et de favoriser le développement de nos possessions d'outre-mer.

Juin-Juillet-Août

Revision générale.

TABLE DES MATIÈRES

INSTRUCTION MORALE

PAGES

OCTOBRE. — Objet de la morale. — Libre arbitre. — La conscience. — Le devoir 5
La famille autrefois 6
La famille moderne 6
Devoirs des enfants à l'égard de leurs parents. — Amour. — Respect. ... 7
Obéissance. 7
Reconnaissance et assistance ... 8
Les grands parents 8

NOVEMBRE. — Frères et sœurs 9
L'amour fraternel. 9
La politesse entre frères et sœurs .. 10
Rôle de la sœur aînée dans la famille. 10
Les orphelins 11
L'esprit de famille 11
Devoirs des maîtres et des serviteurs. 12

DÉCEMBRE. — L'école autrefois et aujourd'hui .. 13
Assiduité et exactitude 13
Travail et application. — Politesse .. 14
Éducation et Instruction. 14
Devoirs envers l'institutrice 15
Devoirs envers les camarades 15

		PAGES
JANVIER.	— La Patrie	16
	Bienfaits de la Patrie.	16
	Le Drapeau.	17
	Les grandeurs et les malheurs de la Patrie.	17
	Amour de la Patrie	18
	Devoirs envers la Patrie. — Devoirs de la femme	18
	Droits du citoyen.	19
FÉVRIER.	— Devoirs envers soi-même. — Dignité personnelle. Le corps et l'esprit.	20
	Devoirs envers le corps.	21
	Propreté	21
	Tempérance. Frugalité. — Sobriété	22
	L'intempérance	22
	Dangers de l'ivrognerie et de l'abus du tabac.	23
	Les exercices corporels et la gymnastique.	23
MARS.	— Les biens extérieurs. — La propriété,	24
	Le travail. — L'oisiveté.	24
	L'économie. — L'épargne	25
	Prodigalité. — Jeu	26
	Les dettes	26
	Avarice. — Cupidité.	27
AVRIL.	— L'âme ou esprit. — Culture des facultés.	28
	Respect de soi-même.	28
	Modestie	29
	Sincérité. — Respect de la parole donnée.	29
	Orgueil. — Vanité. — Égoïsme.	30
	Envie. — Jalousie. — Colère	30
	Devoirs envers les animaux	31
MAI.	— La Société. — Sa nécessité. - Ses bienfaits.	32
	La solidarité. — La fraternité	32
	Respect de la vie humaine.	33
	Respect de la liberté d'autrui	34
	Respect des biens d'autrui	34
	Respect de l'honneur et de la réputation	35
	Respect des opinions et des croyances	35

		PAGES
JUIN.	— La fraternité	37
	Les vertus de fraternité	37
	Bienveillance. — Indulgence	38
	L'amitié	38
	Bienfaisance. — Charité	39
	Le dévouement	39
	Dieu, les religions, la liberté de conscience	40

Sujets de Rédaction . . . 12-25-27-31-36
Quelques principes de politesse . 41-42-43

INSTRUCTION CIVIQUE

OCTOBRE.	— La France autrefois. — Le pouvoir absolu.	44
	La France aujourd'hui. — Les principes de 1789	44
	Le citoyen Français	45
	Les devoirs de la femme . . . 18 et	45
	Déclaration des droits de l'homme et du citoyen (1789)	45
	Déclaration de 1793	3
NOVEMBRE.	— Exercice de la souveraineté nationale. — Le suffrage universel	47
	Légitimité et limites de la souveraineté nationale	48
	La République	48
	Obligations et droits des citoyens qui détiennent des fonctions publiques	49
DÉCEMBRE.	— La commune. — Le Conseil municipal. — Le Maire. — Les Adjoints	50
	Le canton. — L'arrondissement. — Sous-Préfet. — Conseil d'Arrondissement	51
	Le département. — Le Préfet. — Le Conseil de Préfecture	51

		PAGES
JANVIER.	— Le Conseil général. — La Commission départementale.	52
	L'Etat. — Les pouvoirs publics. — La Constitution	53
	Le pouvoir législatif. — Sénat. — Chambre des Députés	53
	Attributions du Sénat et de la Chambre des Députés.	54
FÉVRIER.	— La loi. — Confection d'une loi.	55
	Le pouvoir exécutif — Le Président de la République	55
	Les Ministres	56
	Pouvoir judiciaire. — Organisation. — Justice de Paix.	57
MARS.	— Tribunal de première instance. — Cour d'Appel	58
	La Cour d'Assises. — La Cour de Cassation	59
	Tribunaux spéciaux et tribunaux administratifs	59
	La force publique. — L'armée	60
AVRIL.	— L'armée de terre et l'armée de mer	62
	L'enseignement	63
	Autorités et Conseils universitaires	64
	L'impôt et le budget	65
MAI.	— Perception de l'impôt. — Paiement des dépenses.	66
	Ministères : Intérieur. — Affaires étrangères.	67
	Ministères : Agriculture. — Travaux publics	67
	Ministères : Commerce et Industrie. — Postes et Télégraphes. — Colonies.	68
	Sujets de Rédaction	49-61

8737 D. — Amiens, Imp. du PROGRÈS DE LA SOMME.

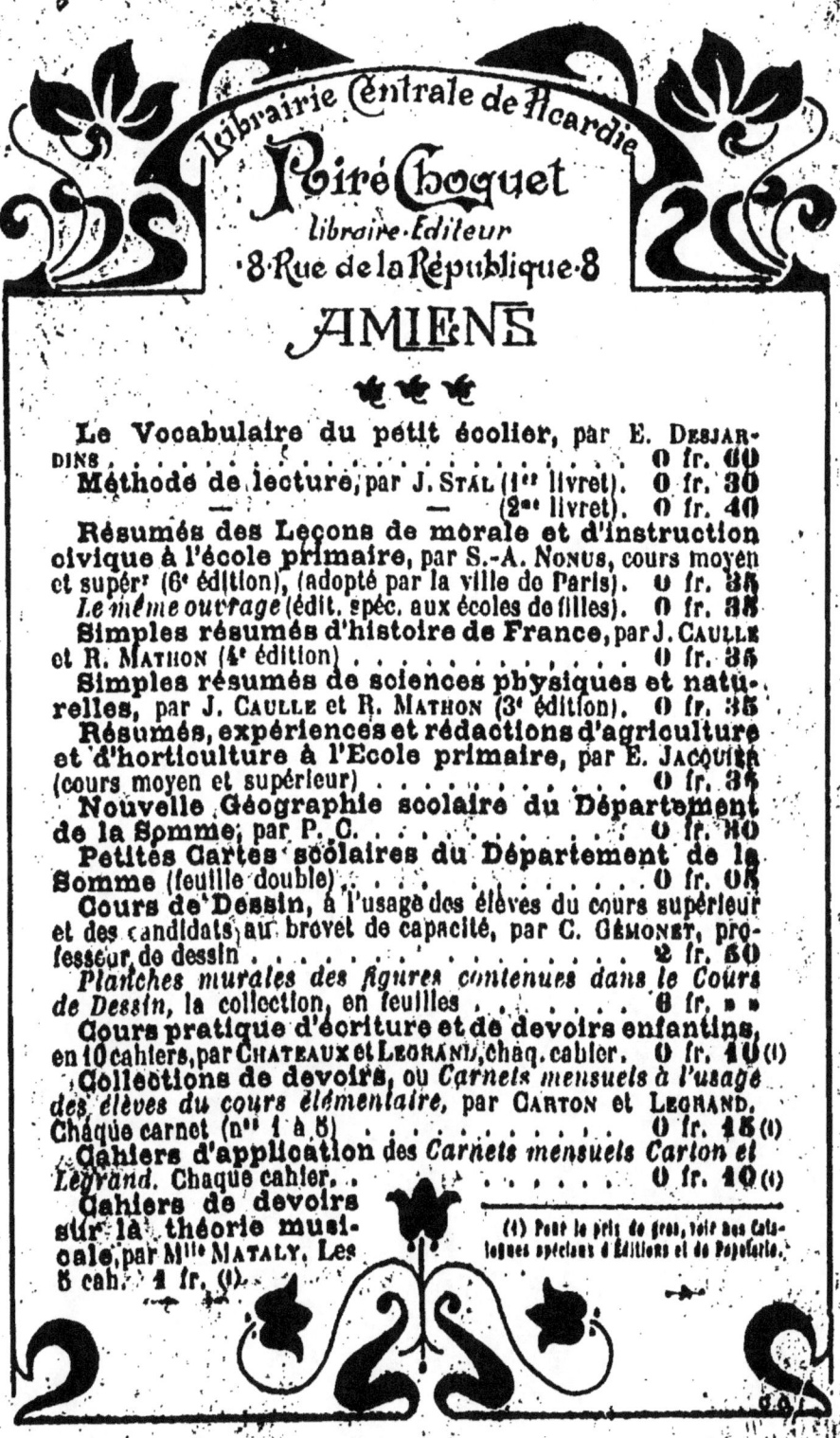

www.ingramcontent.com/pod-product-compliance
Lightning Source LLC
LaVergne TN
LVHW051503090426
835512LV00010B/2314